HandSumbook

통기초 러시아어 생활회화

조안순 지음

정진출판사

이 책의 구성

러시아는 우리에게 가깝고도 먼 나라입니다. 러시아어는 유엔 6개 공용어 중 하나이고, 많은 나라에서 사용되고 있지만, 아직까지 우리나라에서 러시아어를 지속적으로 공부하는 것은 그리 쉽지 않습니다.

이 책은 사업적인 상황, 관광지에서의 상황, 일상적인 상황 등 필요한 상황에 맞는 주요 표현을 담았습니다. 러시아어 회화체 표현을 공부하려는 유학생이나 여행객들뿐만 아니라 러시아어를 처음 접하는 모든 사람들이 쉽고 재미있게 배울 수 있는 회화 책입니다.

이 책의 구성과 특징을 살펴보면 다음과 같습니다.

- 포켓북 사이즈로 만들어 항상 가볍게 휴대하며 학습할 수 있습니다. 또한 원어민이 녹음한 본문 전체의 mp3 파일을 내려받아 자유롭게 학습에 활용할 수 있습니다.
- 전체적으로 기본적인 회화에서 상황에 따른 적절한 표현들로 내용을 구성하여 쉽게 원하는 표현을 찾으며 학습할 수 있습니다.
- 본문의 주요표현은 이해하기 쉬운 간단한 대화 형식으로 구성하여 학습 효과를 높일 수 있으며, 각 장의 뒤에는 단어의 응용과 어휘력 향상을 위해 본문의 주제와 관련된 단어를 따로 실었습니다.
- 원어민 발음에 가까운 한글 발음을 표기하여 러시아어를 처음 접하는 학습자들도 쉽게 익힐 수 있습니다.

목 차

제1장 인사와 소개

제2장 시간과 날씨

제3장 의견 · 감정 · 관심

제4장 일상생활

제5장 전화

제6장 초대 · 방문 · 축하

제7장 쇼핑 · 식사

제8장 교통

제9장 관광

제10장 위급상황

부록

1장

인사와 소개

1. 인사
2. 처음 만났을 때
3. 오랜만에 만났을 때
4. 안부를 물을 때
5. 헤어질 때
6. 누구인지 물을 때
7. 소개하기
8. 국적 묻기
9. 직업 묻기
10. 출신지, 거주지 묻기
11. 나이를 물을 때
12. 가족 소개

1. 인사

주요표현

A : Приве́т, Са́ша.
뻬리볫–　싸–샤

B : Приве́т, Со́ня.
뻬리볫–　쏘–냐

A : 안녕, 사샤.

B : 안녕, 소냐.

안녕하세요! (아침 인사)

До́брое у́тро!
도–브라예　우–뜨라

안녕하세요! (낮 인사)

До́брый день!
도–브리　젠

안녕하세요! (저녁 인사)

До́брый ве́чер!
도–브리　베–취르

안녕하세요! (시간에 상관없이)

Здра́вствуйте!
즈드라–스뜨부이쩨

너 어떻게 지내?

Как у тебя́ дела́?
깍　우 찌뱌–　질라–

당신은 어떻게 지내세요?

Как у вас делá?

깍 우 바즈 질라–

잘 지내요.

Хорошó.

하라쉬오–

저는 기분이 좋아요.

У меня́ хорóшее настроéние.

우 미냐– 하로–쉬예 나스뜨라예–니예

괜찮아요?

Всё в поря́дке?

프쑈– 프 빠랴–뜨꼐

문제없습니다.

Нет проблéм.

녜트 쁘라블롐–

러시아어에서는 인사말이 오전, 낮, 저녁 시간 때에 따라서 달라지는데, Здрáвствуйте는 시간에 상관없이 아무 때나 쓸 수 있는 말로, '안녕하세요'와 같은 인사말입니다. 가까운 사이에서는 '안녕'이라는 말로 Привéт을 쓰고, 좀 더 격의 없이 쓸 때는 Здорóво라고 하기도 합니다.

2. 처음 만났을 때

주요표현

A : Прия́тно познако́миться.
뻐리야-뜨나 빠즈나꼬-미짜

B : Я Ким Мин Су. О́чень прия́тно.
야 김 민 수 오-취인 쁘리야-뜨나

A : 처음 뵙겠습니다.

B : 김민수입니다. 반갑습니다.

이분은 미스터 김입니다.

Э́то ми́стер Ким.
에-따 미-스떼르 낌

소피야 알렉산드로브나입니다. 반갑습니다.

Меня́ зову́т София Александровна. О́чень прия́тно.
미냐 자부트 쏘-피야 알릭싼-드라브나 오-취인 쁘리야-뜨나

저 역시 만나서 기쁩니다. (화자가 남자일 때)

Я то́же рад знако́мству.
야 또-쥐에 라트 즈나꼼-스뜨부

저 역시 만나서 기쁩니다. (화자가 여자일 때)

Я то́же ра́да знако́мству.
야 또-쥐에 라-다 즈나꼼-스뜨부

저를 간단히 소개하겠습니다.

Расскажу́ немно́го о себе́.
라그까쥐우- 님노-가 아 씨베-

저는 이유나입니다.

Я Ли Ю На.

야 리 유 나

성함이 어떻게 되세요?

Как вас зову́т?

까크 바즈 자부-트

제 이름은 아나스타샤입니다.

Меня́ зову́т Анастаси́я.

미냐- 자부-트 아나스따씨-야

우리 전에 만난 적이 있던가요?

Мы встреча́лись ра́ньше?

므이 프스뜨리취알-리스 란-쉬예

당신이 낯익어 보입니다.

Мне знако́мо ва́ше лицо́.

므녜 즈나꼬-마 바-쉬예 리쪼-

'기쁘다'는 표현을 할 때 남자는 рад, 여자는 ра́да라고 합니다. 그리고 남자를 정중하게 지칭할 때 쓰는 ми́стер와 같은 뜻의 러시아어 단어로 господи́н이 있습니다. 여성을 지칭할 때 쓰는 단어로는 госпожа́와 мисс, мисси́с가 있습니다.

3. 오랜만에 만났을 때

주요표현

A : Давно́ не ви́делись. Здра́вствуйте.
다브노– 니 비–질리스 즈드라–스뜨부이쩨

B : У меня́ всё хорошо́. Спаси́бо.
우 미냐– 프쏘– 하라쉬오– 스빠씨–바

A : 오랜만입니다. 안녕하세요.

B : 전 잘 지내요. 감사합니다.

5년 만이군요.

Мы не ви́делись 5(пять) лет.
므이 니 비–질리스 빠쯔 례트

어떻게 지내세요?

Как вы пожива́ете?
까크 브이 빠쥐바–이쪠

너는?

А у тебя́?
아 우 찌뱌–

당신은요?

А у вас?
아 우 바스

그럭저럭요.

Потихо́ньку.
빠찌혼–꾸

나쁘지 않아요.

Неплóхо.
니쁠로-하

건강해 보이네요.

Хорошó вы́глядите.
하라쉬오-　브이-글리지쪠

보고 싶었어요. (화자가 여자일 때)

Хотéла вас уви́деть.
하쪨-라　바스　우비-지쯔

보고 싶었어요. (화자가 남자일 때)

Хотéл вас уви́деть.
하쪨-　바스　우비-지쯔

저도요.

Я тóже.
야 또-쥐예

'보고 싶었다'고 말할 때 남자는 хотéл이라고 말하고, 여자는 хотéла라고 말합니다. 몇 년 만에 만났는지를 표현할 때 5년일 때는 лет을 썼지만, 1년이면 год, 2년~4년일 때는 гóда라고 하고, 5년 이상일 때는 лет을 씁니다.

4. 안부를 물을 때

주요표현

A : Как ва́ши дела́?
까크 바-쉬 질라-

B : Дела́ иду́т хорошо́.
질라- 이두-트 하라쉬오-

A : 일은 어떠신가요?

B : 잘되어 갑니다.

업무가 바쁘세요?

Мно́го рабо́ты?
므노-가 라보-띄

아주 바쁩니다.

Рабо́ты о́чень мно́го.
라보-띄 오-취인 므노-가

일 때문에 꼼짝을 못합니다.

Из-за рабо́ты нет вре́мени ни на что.
이자 라보-띄 녜트 브레-미니 니 나 쉬또

요즈음 어떻게 지내세요?

Чем занима́етесь в после́днее вре́мя?
취옘 자니마-이찌스 프 빠슬레-드니예 브레-먀

창업을 했습니다. (화자가 남자일 때)

Откры́л своё де́ло.
앗끄릴- 스바요- 젤-라

창업을 했습니다. (화자가 여자일 때)

Откры́ла своё де́ло.
앗끄릴-라　　스바요- 젤-라

모든 게 괜찮습니다.

Всё хорошо́.
프쑈- 하라쉬오-

그렇게 나쁘지는 않아요.

Непло́хо.
니쁠-로하

한가해요. (화자가 남자일 때)

Я свобо́ден.
야 스바보-진

한가해요. (화자가 여자일 때)

Я свобо́дна.
야 스바보-드나

말하는 사람이 남자인지 여자인지 구분하는 경우는 서술어가 형용사이거나 동사의 과거시제일 때입니다. 동사의 끝은 -ть, -ти, -чь이거나 여기에 ся가 붙은 형태입니다. 서술어가 형용사이거나 동사의 과거라면 성별을 꼭 체크해 보세요.

5. 헤어질 때

주요표현

A : До свида́ния. Уви́димся.
다 스비다-니야 우비-짐쌰

B : Хоро́шего дня.
하로-쉬바 드냐

A : 안녕히 가세요. 또 봐요.

B : 좋은 하루 되세요.

집에 가야 할 시간이네요.

Пора́ домо́й.

빠라- 다모-이

살펴 가세요.

Счастли́во.

쉬이슬리-바

내일 또 봐요.

За́втра уви́димся.

자-프뜨라 우비-짐쌰

나중에 봐요.

До встре́чи.

다 프스뜨례-취

안녕히 주무세요!

Споко́йной но́чи!

스빠꼬-이나이 노-취이

그 사람들에게 안부 전해 주세요.

Передáйте им привéт.
삐리다-이쪠 임 쁘리볘-트

보고 싶습니다.

Хочý вас увúдеть.
하취우- 바스 우비-지쯔

모든 게 잘되길 빕니다.

Желáю вам успéхов во всём.
쥐일라-유 밤 우스뻬-하프 바 프쏨-

또 봅시다.

Ещё увúдимся.
이쉬요- 우비-짐쌰

즐거운 주말 되세요.

Хорóших выходны́х.
하로-쉬흐 븨하드늬-흐

기원하는 표현은 생격을 씁니다. 좋은 하루나 즐거운 주말이나 편안한 밤 되시라는 표현은 다 생격입니다. '기원하다'라는 의미의 동사인 желáть가 생격을 쓰는 동사이기 때문입니다. 무언가 기원하고 싶은 내용이 있다면 그 형용사와 명사를 생격으로 바꿔보세요.

6. 누구인지 물을 때

주요표현

A : Кто э́то?
크또 에-따

B : Э́то мой да́вний друг.
에-따 모이 다-브니 드룩

A : 이 사람은 누구인가요?

B : 그는 나의 오랜 친구입니다.

그녀는 나의 오랜 친구입니다.

Э́то моя́ да́вняя подру́га.
에-따 마야- 다-브니야 빠드루-가

우리는 학교 동창입니다. (초중고등학교 동창)

Мы однокла́ссники.
믜 아드나끌라-스니끼

우리는 서로 아는 사이입니다.

Мы знако́мы.
믜 즈나꼬-믜

우리는 같은 회사에서 일합니다.

Мы рабо́таем в одно́й компа́нии.
믜 라보-따임 브 아드노-이 깜빠-니이

그는 제 상사입니다.

Э́то мой нача́льник.
에-따 모이 나취알-닉

그는 구매부 팀장입니다.

Э́то нача́льник отде́ла заку́пок.

에–따 나취알–닉 앗젤–라 자꾸–빠크

그는 제 직장 동료입니다.

Э́то мой сослужи́вец.

에–따 모이 싸슬루쥐이–비쯔

그녀는 제 직장 동료입니다.

Э́то моя́ сослужи́вица.

에–따 마야– 싸슬루쥐이–비짜

그는 우리 고객입니다.

Э́то наш клие́нт.

에–따 나쉬 끌리옌–트

그녀는 우리 고객입니다.

Э́то на́ша клие́нтка.

에–따 나–쉬아 끌리옌–뜨까

지시대명사 э́то는 남성이나 여성이나 혹은 여러 명을 다 지칭할 수 있습니다. Кто э́то?라는 질문에 대한 답을 할 때는 그 사람이 남자이든 여자이든 복수이든 э́то로 시작하면 됩니다. 동급생이라는 단어는 однокла́ссник인데 여성 동급생을 지칭할 때는 однокла́ссница를 씁니다.

7. 소개하기

주요표현

A : Как вас зову́т?
까크 바스 자부-트

B : Меня́ зову́т Макси́м.
미냐- 자부-트 막씸-

A : 성함이 어떻게 되세요?

B : 제 이름은 막심입니다.

가나다 상사의 김수호입니다.

Я Ким Су Хо, сотру́дник компа́нии Ганада́.
야 낌 쑤 호 싸뜨루-드니크 깜빠-니이 가나다-

저는 당신의 이름을 모릅니다.

Я не зна́ю ва́шего и́мени.
야 니 즈나-유 바-쉬바 이-미니

당신 이름의 철자가 어떻게 됩니까?

Как пи́шется ва́ше и́мя?
까크 삐-쉬짜 바-쉬예 이-먀

당신 성의 철자가 어떻게 됩니까?

Как пи́шется ва́ша фами́лия?
까크 삐-쉬짜 바-쉬아 파밀-리야

제 명함 여기 있습니다.

Вот моя́ визи́тка.
보트 마야- 비지-뜨까

저는 당신의 명함이 없습니다.

У меня́ нет ва́шей визи́тки.

우 미냐– 녜트 바–쉬이 비지–뜨끼

명함을 주시겠습니까?

Да́йте ва́шу визи́тку.

다–이쩨 바–쉬우 비지–뜨꾸

여기 있습니다.

Вот, возьми́те.

보트 바즈미–쪠

저는 알렉산드르입니다. 사샤라고 불러주세요.

Я Алекса́ндр. Называ́йте меня́ Са́шей.

야 알릭싼–드르 나지바–이쪠 미냐– 싸–쉬

당신은 별명이 있나요?

У вас есть про́звище?

우 바스 예스쯔 쁘로–즈비쉬예

잘 모르는 대상이나 없는 대상을 표현할 때는 생격을 씁니다.

철자를 물어볼 때는 'Как пи́шется~'로 질문을 시작하면 됩니다.

회사에서 일하는 남자 직원은 сотру́дник, 여자 직원은 сотру́дница라고 합니다.

8. 국적 묻기

주요표현

A : Ми́стер Ким, вы коре́ец?
미-스떼르 낌 븨 까례-이쯔

B : Да, коре́ец.
다 까례-이쯔

A : 미스터 김, 한국인이세요?

B : 네, 그렇습니다.

어디 출신입니까?

Отку́да вы?
앗꾸-다 븨

어느 나라에서 오셨습니까?

Из како́й вы страны́?
이즈 까꼬-이 븨 스뜨라늬-

한국에서 왔습니다. 당신은요.

Я из Коре́и. А вы?
야 이스 까례-이 아 븨

저는 러시아에서 왔습니다.

Я из Росси́и.
야 이즈 라씨-이

국적이 어디인가요?

Како́е у вас гражда́нство?
까꼬-예 우 바스 그라쥐단-스뜨바

저는 한국인입니다. (화자가 여자일 때)

Я корея́нка.
야 까리얀-까

당신은 중국인인가요?

Вы кита́ец?
븨 끼따-이쯔

여기는 일 때문에 왔습니다. (화자가 여자일 때)

Сюда́ прие́хала по рабо́те.
쓔다- 쁘리예-할라 빠 라보-쪠

관광하러 왔습니다. (화자가 남자일 때)

Прие́хал с це́лью тури́зма.
쁘리예-할 스 쩰-류 뚜리-즈마

러시아어는 어디서 배우셨나요?

Где вы учи́лись ру́сскому языку́?
그제 븨 우취-일리스 루-스까무 이지꾸-

어디에서 왔는지를 표현할 때는 из 생격을 쓰면 됩니다. 어떤 국가의 국민을 표현하는 명사는 남녀에 따라 다르게 써서 구별되는데, 한국인은 성별에 따라 коре́ец, корея́нка라고 합니다. 동사 учи́ться는 배우는 과목을 여격으로 씁니다.

9. 직업 묻기

주요표현

A : Чем вы занимáетесь?
취옘　븨　자니마-이찌스

B : Я учýсь.
야 우취우-스

A : 무슨 일을 하십니까?

B : 저는 학생입니다.

저는 대학생입니다.

Я студéнт.
야 스뚜젠-뜨

저는 변호사입니다.

Я адвокáт.
야 아드바까-트

저는 의사입니다.

Я врач.
야 브라취

저는 관광 안내원입니다.

Я гид по тури́зму.
야 기트　빠　뚜리-즈무

저는 은행원입니다.

Я бáнковский слýжащий.
야 방-까프스끼이　　슬루-쥐아쉬이

저는 영어 선생입니다.

Я преподава́тель англи́йского языка́.

야 쁘리빠다바-찔 앙글리-스까바 이지까-

어디서 일하세요?

Где вы рабо́таете?

그졔 븨 라보-따이쪠

은행에서 일합니다.

Я рабо́таю в ба́нке.

야 라보-따유 브 방-꼐

전자회사에서요.

В компа́нии по произво́дству электроте́хники.

프 깜빠-니이 빠 쁘라이즈봇-스뜨부 엘릭뜨라쪠-흐니끼

작은 가게를 운영하고 있습니다.

Я держу́ небольшо́й магази́н.

야 지르쥐우- 니발쉬오-이 마가진-

학생인지 아닌지는 '배우다, 재학하다'라는 동사인 учи́ться로 표현합니다.

학생들 중에서 대학생은 студе́нт, 여대생은 студе́нтка라고 하며, 회사나 단체에 소속되어 일하는 직원은 слу́жащий, 여직원은 слу́жащая라고 합니다.

내용이나 분야를 표현할 때 전치사 по 뒤에 여격을 씁니다.

10. 출신지, 거주지 묻기

주요표현

A : Где вы живёте?
그제 븨 쥐이뵤–쪠

B : Я живу́ в Сеу́ле.
야 쥐이부– 프 씨울–례

A : 어디 사세요?

B : 서울에 삽니다.

고향이 어디세요?

Где вы родили́сь?
그제 븨 라질리–스

내 고향은 일산입니다. (화자가 여자일 때)

Я родила́сь в Ильса́не.
야 라질라–스 브 일싸–녜

내 고향은 일산입니다. (화자가 남자일 때)

Я роди́лся в Ильса́не.
야 라질–쌰 브 일싸–녜

오래 전부터 서울 근교에 살았어요.

Я давно́ живу́ в при́городе Сеу́ла.
야 다브노– 쥐이부– 프 쁘리–가라졔 씨울–라

직장은 서울입니다.

Я рабо́таю в Сеу́ле.
야 라보–따유 프 씨울–례

교통이 편리합니다.

Удóбная трáнспортная инфраструктýра.
우도-브나야 뜨란-스빠르뜨나야 인프라스뚜룩뚜-라

댁이 서울에서 멉니까?

Вы живёте далекó от Сеýла?
븨 쥐이뵤-쪠 달리꼬- 앗 씨울-라

네. 여기서 멉니다.

Да. Отсю́да далекó.
다 앗쓔-다 달리꼬-

지하철로 대략 30분 걸립니다.

Примéрно 30(трúдцать) минýт на метрó.
쁘리메-르나 뜨리-짜쯔 미누-트 나 미뜨로-

우리 집은 여기서 가깝습니다.

Наш дом располóжен блúзко отсю́да.
나쉬 돔 라그빨로-쥐인 블리-스까 앗쓔-다

거리를 표현할 때는 기준점이 되는 장소를 от 생격으로 씁니다. 여기가 기준점이 되면 부사 отсю́да, 거기나 저기가 기준점이 되면 оттýда를 씁니다.

далекó от Сеýла 서울에서 멀다

далекó отсю́да 여기서 멀다

11. 나이를 물을 때

주요표현

A : Я ста́рше тебя́ на це́лых 10(де́сять) лет.
야 스따–르쉬예 찌뱌– 나 쩰–리흐 졔–씨쯔 례트

B : Пра́вда? Не ве́рится.
쁘라–브다 니 볘–리짜

A : 내가 너보다 10살이나 많아.

B : 정말요? 믿기지 않네요.

내가 당신보다 나이가 많습니다.

Я ста́рше вас.
야 스따–르쉬예 바스

네, 제가 당신보다 어리군요.

Да, я мла́дше вас.
다 야 믈라–드쉬예 바스

당신과 당신 부인 중에 누가 더 나이가 많아요?

Кто из вас ста́рше - вы и́ли ва́ша супру́га?
크또 이즈 바스 스따–르쉬예 븨 일–리 바–쉬아 쑤쁘루–가

당신은 첫째인가요?

Вы ста́рший ребёнок в семье́?
븨 스따–르쉬이 리뵤–나크 프 씸예–

아니요, 막내입니다.

Нет, я мла́дший.
녜트 야 믈라–드쉬이

누나와 남동생이 있습니다.

У меня́ есть ста́ршая сестра́ и мла́дший брат.

우 미냐- 예스쯔 스따-르쉬아야 씨스뜨라- 이 믈라-드쉬이 브라트

형은 저보다 두 살 많습니다.

Брат ста́рше меня́ на 2(два) го́да.

브라트 스따-르쉬예 미냐- 나 드바 고-다

우리는 같은 달에 태어났군요.

Мы родили́сь в одно́м ме́сяце.

믜 라질리-스 브 아드놈- 메-씨쩨

저는 미성년자입니다. (화자가 남자일 때)

Я несовершенноле́тний.

야 니싸비르쉬인나례-뜨니이

저는 외동입니다.

Я еди́нственный ребёнок в семье́.

야 이진-스뜨빈늬 리뵤-나크 프 씸예-

나이가 많을 때는 ста́рше, 나이가 적을 때는 мла́дше를 사용합니다. мла́дше 대신 моло́же를 쓸 수도 있는데, мла́дше가 직급의 낮음을 표현할 수도 있는 반면 моло́же는 나이에만 쓰일 수 있습니다. моло́же는 더 젊어 보인다는 뜻으로 쓰이기도 합니다.

12. 가족 소개

주요표현

A : Из ско́льких челове́к состо́ит ва́ша семья́?
이스 스꼴–끼흐 취일라베–크 싸스따이–트 바–쉬아 씸야–

B : У нас в семье́ 5(пять) челове́к.
우 나스 프 씸예– 빠쯔 취일라베–크

A : 가족이 몇 분이세요?

B : 5인 가족입니다.

가족에 대해 말해 주세요.

Расскажи́те о семье́.
라스까쥐이–쪠 아 씸예–

우리 가족 사진입니다.

Вот фотогра́фия на́шей семьи́.
보트 파따그라–피야 나–쉬이 씸이–

우리 가족은 세 명입니다.

На́ша семья́ состои́т из трёх челове́к.
나–쉬아 씸야– 싸스따이–트 이스 뜨료–흐 취일라베–크

저는 가족과 같이 살아요.

Я живу́ с семьёй.
야 쥐이부– 스 씸요–이

당신은 형제 자매가 있나요?

У вас есть бра́тья и сёстры?
우 바스 예스쯔 브라–찌야 이 쑈–스뜨리

네, 여동생이 있습니다.

Да, у меня́ есть мла́дшая сестра́.

다 우 미냐— 예스쯔 믈라—드쉬아야 씨스뜨라—

누나가 있었으면 좋겠습니다.

Бы́ло бы хорошо́ име́ть сестру́.

빌—라 븨 하라쉬오— 이메—쯔 씨스뜨루—

내 여동생은 나와 축구를 하지 않아요.

Моя́ сестрёнка не игра́ет со мной в футбо́л.

마야— 씨스뜨룐—까 니 이그라—이트 싸 므노이 프 푸드볼—

대가족이군요.

Больша́я семья́.

발쉬아—야 씸야—

우리 가족은 핵가족이에요.

У нас ма́ленькая семья́.

우 나스 말—린까야 씸야—

'여동생'은 мла́дшая сестра́ 혹은 сестрёнка라고 하고, '언니'나 '누나'는 ста́ршая сестра́ 혹은 그냥 сестра́라고 합니다. '남동생'은 мла́дший брат 혹은 бра́тик이라고 하고, '오빠'나 '형'은 ста́рший брат 혹은 그냥 брат이라고 합니다.

관련단어

가족, 친척 호칭

семья́	씸야–	가족
де́душка	제–두쉬까	할아버지
ба́бушка	바–부쉬까	할머니
роди́тели	라지–찔리	부모님〈복〉
оте́ц	아쪠–쯔	아버지
мать	마쯔	어머니〈여〉
па́па	빠–빠	아빠
ма́ма	마–마	엄마
сын	씬	아들
дочь	도취	딸〈여〉
брат	브라트	남자 형제
сестра́	씨스뜨라–	여자 형제
внук	브누크	손자
вну́чка	브누–취까	손녀
дя́дя	쟈–쟈	숙부, 삼촌 등
тётя	쬬–쨔	숙모, 고모 등
муж	무쉬	남편
жена́	쥐이나–	아내
супру́г	쑤쁘룩–	남자 배우자
супру́га	쑤쁘루–가	여자 배우자
жени́х	쥐이니–흐	신랑
неве́ста	니베–스따	신부
зя́ть	쟈–쯔	사위〈남〉
неве́стка	니베–스뜨까	며느리
свёкор	스뵤–까르	시아버지
свекро́вь	스비끄로–프	시어머니〈여〉

тесть	쪠스쯔	장인〈남〉
тёща	쬬–쉬아	장모
о́тчим	옷–취임	새아버지
ма́чеха	마–취이하	새어머니
ро́дственник	롯–스뜨빈니크	친척

국가 이름

Росси́я	라씨–야	러시아
Коре́я	까례–야	한국
Ю́жная Коре́я	유–쥐나야 까례–야	남한
Се́верная Коре́я	쎼–비르나야 까례–야	북한
Кита́й	끼따–이	중국
Япо́ния	이뽀–니야	일본
И́ндия	인–지야	인도
Индоне́зия	인다녜–지야	인도네시아
Мала́йзия	말라–이지야	말레이시아
Филиппи́ны	필리피–늬	필리핀
Вьетна́м	비트남–	베트남
Австра́лия	압스뜨랄–리야	호주
Ира́к	이라–크	이라크
Ира́н	이란–	이란
Изра́иль	이즈라–일	이스라엘〈남〉
Афганиста́н	아브가니스딴–	아프가니스탄
Еги́пет	이기–삐트	이집트
США	쓰쉬아	미국〈복〉
Кана́да	까나–다	캐나다
Ме́ксика	멕–씨까	멕시코

관련단어

Брази́лия	브라질-리야	브라질
Португа́лия	빠르뚜갈-리야	포르투갈
Аргенти́на	아르긴찌-나	아르헨티나
Чи́ли	췰-리	칠레
Герма́ния	기르마-니야	독일
Фра́нция	프란-찌야	프랑스
А́нглия	앙-글리야	영국
Бе́льгия	벨-기야	벨기에
Да́ния	다-니야	덴마크
Финля́ндия	핀랸-지야	핀란드
Гре́ция	그례-찌야	그리스
Ирла́ндия	이를란-지야	아일랜드
Ита́лия	이딸-리야	이탈리아
Нидерла́нды	니지를란-듸	네덜란드〈복〉
Норве́гия	나르볘-기야	노르웨이
А́встрия	압-스뜨리야	오스트리아
Шве́ция	쉬볘-찌야	스웨덴
Швейца́рия	쉬비이짜-리야	스위스
Испа́ния	이스빠-니야	스페인
Ту́рция	뚜-르찌야	터키
Болга́рия	발가-리야	불가리아
По́льша	뽈-쉬아	폴란드

직업

полице́йский	빨리쩨에이스끼	경찰
банки́р	반끼이르	은행원
по́вар	뽀오바르	요리사

врач	브라취	의사
рабо́чий	라보오취이	노동자
медсестра́	밋씨스뜨라아	간호사
худо́жник	후도오쥐닉	화가
слу́жащий / слу́жащая	슬루우쥐아쒸이 / 슬루우쥐아쒸야	회사원
шко́льник / шко́льница	쉬꼬올닉 / 쉬꼬올니짜	학생
студе́нт / студе́нтка	스뚜지엔트 / 스뚜지엔뜨까	대학생
учи́тель / учи́тельница	우취이찔 / 우취이찔니짜	선생님
домохозя́йка	다마하지아이까	주부
го́сслу́жащий / го́сслу́жащая	고오슬루쥐아쒸이 / 고오슬루쥐아쒸야	공무원
бизнесме́н	비즈니스미엔	사업가
секрета́рь	씨끄리따아르	비서
ме́неджер	미에니쥐르	매니저
инжене́р	인쥐니에르	기술자
архите́ктор	아르히찌엑따르	건축가
продаве́ц	쁘라다비에쯔	판매원
адвока́т	아드바까아트	변호사
писа́тель	삐싸아찔	작가
певе́ц	삐비에쯔	가수
почтальо́н	빠취딸리오온	우체부
вое́нный	바이엔느이	군인
пожа́рный	빠쥐아르느이	소방수
спортсме́н	스빠르쯔미엔	운동선수

관련단어

диплома́т	지쁠라마아트	외교관
перево́дчик	삐리보옷쵝	통역사
моде́ль	마데엘	모델
диза́йнер	지자아이니르	디자이너
журнали́ст	쥐우르날리이스트	기자
гид	기트	여행가이드
пило́т	삘로오트	파일럿
стюарде́сса	스쮸아르데에싸	스튜어디스
води́тель	바지이찔	운전사
фе́рмер	피에르미르	농부

2장

시간과 날씨

1. 시간을 물을 때

주요표현

A : Ско́лько вре́мени?
스꼴-까 브례-미니

B : 2(два) часа́.
드바 취싸-

A : 몇 시예요?

B : 두 시입니다.

지금 몇 시나 됐나요?

Ско́лько сейча́с вре́мени?
스꼴-까 씨이취아-스 브례-미니

10시 정각입니다.

Ро́вно 10(де́сять).
로-브나 졔-씨쯔

시간이 있습니까?

У вас есть вре́мя?
우 바스 예스쯔 브례-먀

아니요. 3시에 다른 약속이 있습니다.

Нет. В 3(три) часа́ у меня́ друга́я встре́ча.
녜트 프 뜨리 취싸- 우 미냐- 드루가-야 프스뜨례-취아

일 끝나고 만납시다.

Дава́йте встре́тимся по́сле рабо́ты.
다바-이쪠 프스뜨례-찜쌰 뽀-슬례 라보-띄

몇 시에 만날까요?

Во ско́лько встре́тимся?

바 스꼴–까 프스뜨례–찜쌰

9시 15분에 만납시다.

Встре́тимся в 9:15(де́вять пятна́дцать).

프스뜨례–찜쌰 브 제–비쯔 삣나–짜쯔

8시 반에 만납시다.

Встре́тимся в 8:30(по́лдевя́того).

프스뜨례–찜쌰 프 뽈–지뱌–따바

너무 일러요. 6시에 만나요.

Сли́шком ра́но. Встре́тимся в 6(шесть).

슬리–쉬깜 라–나 프스뜨례–찜쌰 프 쉬예스쯔

네, 그게 낫겠네요. 그때 봅시다.

Да, так бу́дет лу́чше. До встре́чи.

다 따크 부–지트 룻–쉬예 다 프스뜨례–취

시간을 물어볼 때는 ско́лько вре́мени 혹은 кото́рый час로 씁니다. 시각은 час, 분은 минута를 숫자에 맞춰 쓰지만, 대화에서 생략되는 경우가 많습니다. 30분인 경우에는 'пол+서수 생격'을 쓰는데 뒤의 서수는 실제 시간보다 1이 많은 숫자입니다.

по́лдевя́того 8시 반(9번째 시간의 절반)

2. 요일을 물을 때

주요표현

A : Како́й сего́дня день неде́ли?
까꼬-이 씨보-드냐 젠 니젤-리

B : Сего́дня воскресе́нье.
씨보-드냐 바스끄리쎄-녜

A : 오늘은 무슨 요일인가요?

B : 오늘은 일요일입니다.

지난 주말에 어디 가셨나요?

Куда́ вы е́здили на про́шлых выходны́х?
꾸다- 븨 예-즈질리 나 쁘로-쉴릐흐 븨하드늬-흐

지난 토요일에는 무엇을 하셨나요?

Чем вы занима́лись в про́шлую суббо́ту?
취옘 븨 자니말-리스 프 쁘로-쉴루유 쑤보-뚜

최근에 매우 바빴습니다. (화자가 남자일 때)

В после́днее вре́мя я о́чень за́нят.
프 빠슬례-드니예 브례-먀 야 오-취인 자-니트

이번 금요일까지 마칠 수 있습니까?

Успе́ете зако́нчить до э́той пя́тницы?
우스뻬-이쩨 자꼰-취이쯔 다 에-따이 뺘-뜨니찌

다음 주까지는 끝내 주세요.

Заверши́те до сле́дующей неде́ли.
자비르쉬이-쪠 다 슬례-두유쉬이 니젤-리

조금 어렵지만 월요일까지 끝내겠습니다.

Сложновáто, но постарáюсь закóнчить до понедéльника.
슬라쥐나바-따 노 빠스따라-유스 자꼰-취즈 다 빠니젤-니까

최선을 다하겠습니다.

Сдéлаю всё возмóжное.
즈젤-라유 프쑈- 바즈모-쥐나예

약속합니다.

Обещáю.
아비쉬아-유

이 프로젝트를 마친 후에 휴가를 갈 거야.

Пóсле завершéния э́того проéкта уйдý в óтпуск.
뽀-슬레 자비르쉬예-니야 에-따바 쁘라엑-따 우이두- 브 옷-뿌스끄

넌 그럴 만한 자격이 있어.

Ты заслýживаешь э́того.
띄 자슬루-쥐바이쉬 에-따바

주말을 표현하는 выходны́е를 형용사 복수 형태로 시간으로 표현하는 방법에는 두 가지가 있는데, на 전치격 혹은 в 대격을 사용합니다. '이번 주말에'는 в э́ти выходны́е = на э́тих выходны́х라고 하며, '지난 주말에'는 в прóшлые выходны́е = на прóшлых выходны́х라고 합니다.

3. 날짜를 물을 때

주요표현

A : Како́е сего́дня число́?
까꼬–예 씨보–드냐 취이슬로–

B : 7(седьмо́е) ию́ля.
씨즈모–예 이율–랴

A : 오늘은 며칠인가요?

B : 7월 7일입니다.

오늘은 3월 8일입니다.

Сего́дня 8(восьмо́е) ма́рта.
씨보–드냐 바쓰모–예 마–르따

오늘은 10월 9일입니다.

Сего́дня 9(девя́тое) октября́.
씨보–드냐 지뱌–따예 악찌브랴–

오늘이 5월 5일인가요?

Сего́дня 5(пя́тое) ма́я?
씨보–드냐 뺘–따예 마–야

아니요, 오늘은 5월 6일입니다.

Нет, сего́дня 6(шесто́е) ма́я.
녜트 씨보–드냐 쉬스또–예 마–야

생일이 언제입니까?

Когда́ у вас день рожде́ния?
까그다– 우 바스 젠 라쥐졔–니야

9월 20일입니다.

20(двадца́того) сентября́.

드바짜-따바 씬찌브랴-

여름방학은 언제 시작합니까?

Когда́ начина́ются ле́тние кани́кулы?

까그다 나취이나-유짜 례-뜨니예 까니-꿀리

7월 말부터입니다.

С конца́ ию́ля.

스 깐짜- 이율-랴

신학기는 언제 시작합니까?

Когда́ начина́ется но́вый семе́стр?

까그다- 나취이나-이짜 노-븨 씨메-스뜨르

9월 초입니다.

В нача́ле сентября́.

브 나취알-례 씬찌브랴-

날짜는 순서를 나타내는 서수의 중성으로 표현하는데 뒤에 число가 생략되었기 때문입니다. 날짜를 시간으로 표현할 때는 생격을 사용하며 -ого, -его의 형태가 됩니다.

седьмо́е (число́) 7일

седьмо́е ию́ля 7월(의) 7일

седьмо́го ию́ля 7월(의) 7일에

4. 시간에 관한 표현

주요표현

A : Э́ти часы́ иду́т пра́вильно?
에–찌 취이씌– 이둣 쁘라–빌나

B : Да, пра́вильно.
다 쁘라–빌나

A : 이 시계 정확해요?

B : 네, 정확합니다.

저는 전자 시계를 씁니다.

Я по́льзуюсь электро́нными часа́ми.
야 뽈–주유스 엘렉뜨론–늬미 취이싸–미

저는 아날로그 시계를 씁니다.

Я по́льзуюсь механи́ческими часа́ми.
야 뽈–주유스 미하니–취이스끼미 취이싸–미

이 시계는 10분 빠릅니다.

Э́ти часы́ спеша́т на 10(де́сять) мину́т.
에–찌 취이씌– 쓰삐쉬아–트 나 제–씨쯔 미누–트

이 시계는 5분 느립니다.

Э́ти часы́ отстаю́т на 5(пя́ть) мину́т.
에–찌 취이씌– 앗스따유–트 나 빠–쯔 미누–트

이 시계는 문제가 있습니다.

Э́ти часы́ барахля́т.
에–찌 취이씌– 바라흘랴–트

배터리가 다 됐네요.

Céла батарéйка.
셸-라 바따례-이까

배터리를 교환해 주세요.

Поменя́йте батарéйку.
빠미냐-이쪠 바따례-이꾸

시계를 많이 가지고 계시는군요.

У вас мнóго часóв.
우 바스 므노-가 취이쏘-프

이 시계를 고쳐주세요.

Почини́те э́ти часы́.
빠취이니-쪠 에-찌 취이씌-

수리하는 데 한 시간 정도 걸립니다.

Врéмя почи́нки примéрно 1(оди́н) час.
브례-마 빠취인-끼 쁘리메-르나 아진- 취아스

시계는 1개라 하더라도 항상 복수 형태를 씁니다. 시계가 얼마나 느리거나 빠르지를 표현할 때는 'на 숫자 대격+명사'를 써주면 됩니다.

5. 약속을 정할 때

주요표현

A : Когда́ встре́тимся?
까그다- 프스뜨례-찜쌰

B : Смо́жете прийти́ в э́ти выходны́е?
스모-쥐이쪠 쁘리이찌- 브 에-찌 븨하드늬-예

A : 언제 만나뵐까요?

B : 이번 주말에 올 수 있어요?

시간을 정합시다.

Дава́йте назна́чим вре́мя.
다바-이쪠 나즈나-취임 브례-먀

상담사님과 약속을 잡고 싶습니다.

Хочу́ назна́чить встре́чу с консульта́нтом.
하취우- 나즈나-취이쯔 프스뜨례-취우 스 깐술딴-땀

오후에 댁을 방문해도 좋겠습니까?

Ничего́, е́сли я приду́ к вам домо́й по́сле обе́да?
니취이보- 예-슬리 야 쁘리두- ㄲ 밤 다모-이 뽀-슬례 아볘-다

오후에 저는 집에 없을 겁니다.

По́сле обе́да меня́ не бу́дет до́ма.
뽀-슬례 아볘-다 미냐- 니 부-지트 도-마

내일 와주세요.

Приходи́те за́втра.
쁘리하지-쪠 자-프뜨라

점심 이후 아무때나요.

В любóе врéмя пóсле обéда.

브 류보–예 브례–먀 뽀–슬례 아베–다

언제가 편하세요?

Когдá вам удóбно?

까그다– 밤 우도–브나

오늘 저녁에 뵐 수 있을까요?

Мы мóжем встрéтиться сегóдня вéчером?

믜 모–쥐임 프스뜨례–찌짜 씨보–드냐 베–취이람

죄송해요, 월요일은 안 되겠어요.

Извини́те, в понéдельник я не могý.

이즈비니–쩨 프 빠니젤–니크 야 니 마구–

3시 괜찮겠습니까?

В 3(три) часá нормáльно?

프 뜨리 취이싸– 나르말–나

오전과 오후는 점심 식사인 обéд를 기준으로 전치사 до와 пóсле를 각각 씁니다.

до обéда 오전

пóсле обéда 오후

6. 날씨 표현 1

주요표현

A : Какáя сегóдня погóда?
까까-야 씨보-드냐 빠고-다

B : О́чень знóйная погóда.
오-취인 즈노-이나야 빠고-다

A : 오늘 날씨가 어때요?

B : 쨍쨍합니다.

시원합니다.

Прохлáдно.
쁘라흘라-드나

폭풍우가 몰아칩니다.

Штормúт.
쉬따르미-트

덥습니다.

Жáрко.
쥐아-르까

바람이 붑니다.

Вéтрено.
볘-뜨리나

계속 비가 옵니다.

Весь день льёт дождь.
볘즈 젠 료-트 도쉬쯔

날씨가 나쁩니다.

Плохáя погóда.
쁠라하-야 빠고-다

오늘은 춥습니다.

Сегóдня хóлодно.
씨보-드냐 홀-라드나

안개가 꼈습니다.

Тумáнно.
뚜만-나

해가 쨍쨍합니다.

Сóлнце пали́т.
쏜-쩨 빨리-트

눈이 내리고 있습니다.

Идёт снег.
이죠-트 스녜크

날씨 표현은 부사, 형용사, 동사를 활용하는데, 날씨를 의미하는 погóда라는 명사가 있으면 형용사를 쓰고, 명사가 없을 때는 부사만을 씁니다.

Сегóдня жáрко. 오늘은 덥다.

Сегóдня жáркая погóда. 오늘은 더운 날씨이다.

주요표현

A : По прогно́зу пого́ды за́втра бу́дет дождь.
빠 쁘라그노–주 빠고–듸 자–프뜨라 부–지트 도쉬쯔

B : Не забу́дьте зонт.
니 자붓–쪠 존트

A : 일기예보에서 내일 비가 온다고 합니다.

B : 우산 잊지 말아요.

오늘 날씨가 어떨까요?

Кака́я сего́дня бу́дет пого́да?
까까–야 씨보–드냐 부–지트 빠고–다

하늘이 갰습니다.

Не́бо проясни́лось.
녜–바 쁘라이스닐–라스

오후는 흐릴 것입니다.

По́сле обе́да бу́дет па́смурно.
뽀–슬례 아볘–다 부–지트 빠–스무르나

내일은 비가 온다고 합니다.

Говоря́т, что за́втра бу́дет дождь.
가바랴–트 쉬또 자–프뜨라 부–지트 도쉬쯔

다음 주부터는 우기입니다.

Со сле́дующей неде́ли бу́дет дождли́во.
싸 슬례–두유쉬이 니젤–리 부–지트 다쥐들리–바

건기에는 비가 거의 안 와요.

В сухо́й сезо́н дожде́й почти́ не быва́ет.
프 쑤호-이 씨존- 다쥐제-이 빠취찌- 니 븨바-이트

일요일에는 태풍이 올 겁니다.

В воскресе́нье ожида́ется тайфу́н.
브 바스끄리쎼-녜 아쥐이다-이쨔 따이푼-

이곳 겨울은 춥습니까?

Здесь холо́дная зима́?
즈졔스 할로-드나야 지마-

눈이 많이 올 것 같습니다.

Ка́жется, бу́дет мно́го сне́га.
까-쥐쨔 부-지트 므노-가 스녜-가

안개가 잔뜩 꼈습니다.

О́чень тума́нно.
오-취인 뚜만-나

미래의 날씨에 관해 말할 때는 быть의 3인칭 형태인 бу́дет을 사용합니다. 예상되는 것을 표현할 때는 ожида́ется, 추측이나 생각을 말할 때는 ка́жется를 사용합니다.

주요표현

A : О́чень си́льный дождь.
오-췬 씰-늬 도쉬쯔

B : Да. Ка́жется, гора́ вот-вот ру́хнет.
다 까-쥐짜 가라- 봇봇 루-흐닛

A : 굉장한 비네요.

B : 그렇네요. 산이 무너질 것 같아요.

태풍이 상륙한다고 합니다.

Говоря́т, что тайфу́н приближа́ется к бе́регу.
가바랴- 쉬또 따이푼- 쁘리블리쥐아이짜 그 베-리구

태풍 피해는 없었습니까?

Бы́ли ли поврежде́ния от тайфу́на?
빌-리 리 빠브리쥐졔-니야 앗 따이푸-나

바람이 무척 세게 붑니다.

Ду́ет о́чень си́льный ве́тер.
두-잇 오-췬 씰-늬 베-찌르

이 지역은 지진이 자주 발생합니다.

В э́том регио́не ча́сто происхо́дят землетрясе́ния.
브 에-땀 리기오-녜 취아-스따 쁘라이스호-짓 지믈리뜨리셰-니야

해일의 위험은 없습니다.

Угро́зы цуна́ми нет.
우그로-즤 쭈나-미 녯

작년에 홍수가 났어요.

В про́шлом году́ бы́ло наводне́ние.

프 쁘로-쉴람 가두- 빌-라 나바드녜-니예

눈사태가 일어났습니다.

Сошла́ сне́жная лави́на.

싸쉴라- 스녜-쥐나야 라비-나

가뭄이 계속되어서 농작물이 말라붙고 있습니다.

Посе́вы засыха́ют из-за продолжи́тельной за́сухи.

빠쎼-븨 자씌하-윳 이자 쁘라달쥐-찔나이 자-쑤히

지금 밖에는 천둥 번개가 칩니다.

На у́лице сейча́с гроза́.

나 울-리쩨 씨취아-스 그라자-

지독한 더위예요.

Стои́т ужа́сная жара́.

스따잇- 우쥐아-스나야 쥐아라-

이렇게 안개가 심하면 나가기 불편합니다.

В тако́й густо́й тума́н неудо́бно выходи́ть на у́лицу.

프 따꼬-이 구스또-이 뚜만- 니우도-브나 븨하지-쯔 나 울-리쭈

침수되었습니다.

Затопи́ло.

자따삘-라

관련단어

날씨

я́сно	야-스나	맑다
па́смурно	빠-스무르나	흐리다
хо́лодно	홀-라드나	춥다
жа́рко	쥐아-르까	덥다
прохла́дно	쁘라흘라-드나	시원하다
тепло́	찌쁠로-	따뜻하다
су́хо	쑤-하	건조하다
сы́ро	씌-라	습하다
ду́шно	두-쉬나	무덥다
ду́ет ве́тер	두-이트 베-찌르	바람이 분다
идёт снег	이죠-트 스녜크	눈이 내린다
идёт до́ждь	이죠-트 도-쉬쯔	비가 내린다
у́тро	우-뜨라	아침
у́тром	우-뜨람	아침에
день	젠	낮〈남〉
днём	드뇸-	낮에
ве́чер	베-취르	저녁
ве́чером	베-취람	저녁에
ночь	노취	밤〈여〉
но́чью	노-취유	밤에
весна́	비스나-	봄
весно́й	비스노-이	봄에
ле́то	례-따	여름
ле́том	례-땀	여름에
о́сень	오-씬	가을〈여〉
о́сенью	오-씨뉴	가을에

зимá	지마–	겨울
зимóй	지모–이	겨울에
сóлнце	쏜–쩨	태양, 해
лунá	루나–	달
звездá	즈비즈다–	별
óблако	오–블라까	구름
тумáн	뚜만–	안개
росá	라싸–	이슬
дождь	도쉬쯔	비〈남〉
снег	스녜크	눈
гром	그롬	천둥
мóлния	몰–니야	번개
град	그라트	우박
котóткий ли́вень	까로–뜨끼 리–빈	소나기
наводнéние	나바드녜–니예	홍수
ли́вень	리–빈	폭우〈남〉
тайфýн	따이푼–	태풍
ураráн	우라간–	허리케인
торнáдо	따르나–다	토네이도
цунáми	쭈나–미	해일
землетрясéние	지믈리뜨리쎼–니예	지진

숫자

• 기수

ноль	놀	**0**
оди́н / однá / однó	아지인 / 아드나아 / 아드노오	**1**

관련단어

два / две	드바 / 드비에	**2**
три	뜨리	**3**
четы́ре	취뜨이례	**4**
пять	삐아쯔	**5**
шесть	쉬에스쯔	**6**
семь	씨엠	**7**
во́семь	보오씸	**8**
де́вять	지에비쯔	**9**
де́сять	지에씨쯔	**10**

• 서수

пе́рвый	뻬–르븨이	첫 번째의
второ́й	프따로–이	두 번째의
тре́тий	뜨례–찌이	세 번째의
четвёртый	취이뜨뵤–르띄이	네 번째의
пя́тый	빠–띄	다섯 번째의
шесто́й	쉬스또–이	여섯 번째의
седьмо́й	씨즈모–이	일곱 번째의
восьмо́й	바스모–이	여덟 번째의
девя́тый	지뱌–띄이	아홉 번째의
деся́тый	지쌰–띄이	열 번째의

월

янва́рь	인바–르	1월〈남〉
февра́ль	피브랄–	2월〈남〉
март	마르트	3월
апре́ль	아쁘렐–	4월〈남〉

май	마이	5월
ию́нь	이윤–	6월〈남〉
ию́ль	이율–	7월〈남〉
а́вгуст	아–브구스트	8월
сентя́брь	씬쨔–브르	9월〈남〉
октя́брь	악쨔–브르	10월〈남〉
ноя́брь	나야–브르	11월〈남〉
дека́брь	지까–브르	12월〈남〉

요일

понеде́льник	빠지니엘–닉	월요일
вто́рник	프또–르니크	화요일
среда́	스리다–	수요일
четве́рг	취이뜨베–르크	목요일
пя́тница	뺘–뜨니짜	금요일
суббо́та	쑤보–따	토요일
воскресе́нье	바스끄리쎄–녜	일요일

날짜

позавчера́	빠자프취라–	그제
вчера́	프취라–	어제
сего́дня	씨보–드냐	오늘
за́втра	자–프뜨라	내일
по́слеза́втра	뽀–슬리자–프뜨라	모레
про́шлая неде́ля	쁘로–쉴라야 니젤–랴	지난주
э́та неде́ля	에–따 니젤–랴	이번 주

관련단어

следующая неделя	슬레-두유쉬야 니젤-랴	다음 주
прошлый месяц	쁘로-쉴리 메-씨쯔	지난 달
этот месяц	에-땃 메-씨쯔	이번 달
следующий месяц	슬레-두유쉬 메-씨쯔	다음 달
прошлый год	쁘로-쉴리 고트	작년
позапрошлый год	빠자쁘로-쉴리 고트	재작년
этот год	에-땃 고트	올해
следующий год	슬레-두유쉬 고트	내년
послеследующий год	뽀-슬리슬레-두유쉬 고트	내후년

시간

время	브레-먀	시간
утро	우-뜨라	아침
полдень	뽈-진	정오
время после полудня	브레-먀 뽀-슬레 빨루-드냐	오후
вечер	베-취르	저녁
полночь	뽈-나취	자정
час	취아스	시, 시간
минута	미누-따	분
секунда	씨꾼-다	초

의견 · 감정 · 관심 3장

1. 긍정의 표현

주요표현

A : Он ужáсный певéц.
온 우쥐아-스늬 삐베-쯔

B : Я тóже так считáю.
야 또-쥐에 딱 쉬따-유

A : 그는 형편없는 가수예요.

B : 저도 그렇게 생각합니다.

어떻게 생각하세요?

Как вы дýмаете?
깍 븨 두-마이쩨

네, 정말입니다.

Да, прáвда.
다 쁘라-브다

그렇게 생각합니다.

Я дýмаю так.
야 두-마유 딱

찬성합니다.

Поддéрживаю.
빳제-르쥐바유

완벽하게 이해했어요. (화자가 남자일 때)

Прекрáсно пóнял.
쁘리끄라-스나 뽀-닐

당연하죠.

Естéственно.

이스쪠-스트빈나

좋은 의견입니다.

Хорóшее мнéние.

하로-쉬예 므녜-니예

당신 말이 맞습니다.

Вы прáвы.

븨 쁘라-븨

잘 생각했어요.

Прáвильное решéние.

쁘라-빌나예 리쉬에-니예

그럴 수도 있겠네요.

Мóжет быть и так.

모-쥐트 븨쯔 이 딱

물론이죠.

Конéчно.

까녜-쉬나

저도 동의합니다. (화자가 남자일 때)

Я тóже соглáсен.

야 또-쥐에 싸글라-씬

주요표현

A : Говоря́т, То́мас же́нится в сле́дующем ме́сяце.
가바랴트 또-마스 쥐에-니짜 프 슬례-두유쉼 몌-씨쩨

B : Пра́вда?
쁘라-브다

A : 토마스가 다음 달에 결혼한대요.

B : 정말입니까?

더 얘기해 봐.

Расскажи́ ещё.
라스까쥐- 이쉬요

정확해요.

То́чно.
또-취나

완전 잘 듣고 있어.

Внима́тельно слу́шаю.
브니마-찔나 슬루-쉬아유

당연히 그렇죠.

Коне́чно, э́то так.
까녜-쉬나 에-따 딱

좋습니다.

Хорошо́.
하라쉬오-

100% 동의해요. (화자가 여자일 때)

Согла́сна на 100%(сто проце́нтов).

싸글라–스나 나 스또 쁘라쩬–따프

제가 생각한 게 바로 그거예요. (화자가 여자일 때)

Э́то то, о чём я поду́мала.

에–따 또 아 취욤 야 빠두–말라

듣고 보니 당신 말이 맞네요. (화자가 여자일 때)

Послу́шала вас, вы пра́вы.

빠슬루–쉬알라 바스 븨 쁘라–븨

진짜예요?

Пра́вда?

쁘라–브다

맹세해요.

Я кляну́сь.

야 끌리누–스

정말 좋은 생각 같아요.

Ка́жется, э́то действи́тельно хоро́шая иде́я.

까–쥐짜 에–따 지스뜨비–찔나 하로–쉬아랴 이제–야

그 부분은 의심할 여지가 없어요.

В отноше́нии э́того нет сомне́ний.

브 앗나쉬에니이 에–따바 녯 쌈녜–니이

3. 부정의 표현

주요표현

A : Э́то пра́вильный но́мер?
에-따 쁘라-빌늬 노-미르

B : Нет, непра́вильный.
녯 니쁘라-빌늬

A : 이 번호 맞습니까?

B : 아니요, 틀립니다.

전혀 다릅니다.

Совсе́м друго́й.
쌉씨-엠 드루고-이

아마 아닐 거예요.

Возмо́жно нет.
바즈모-쥐나 녯

그렇게 생각하지 않습니다.

Ду́маю, нет.
두마유 녯

사실이 아닙니다.

Непра́вда.
니쁘라-브다

이제 됐습니다.

Доста́точно.
다스따-따취나

불가능합니다.

Невозмо́жно.

니바즈모-쥐나

그건 안 되겠어요.

Э́то недопусти́мо.

에-따 니 다뿌스찌-마

뭐라고 대답해야 할지 모르겠네요.

Я не зна́ю, что отве́тить.

야 니 즈나-유 쉬또 앗볘-찌쯔

저는 그렇게 생각하지 않습니다.

Я так не ду́маю.

야 딱 니 두-마유

당신은 틀렸습니다.

Вы непра́вы.

븨 니쁘라-븨

저는 반대입니다.

Я про́тив.

야 쁘로-찌프

거짓말하지 마.

Не лги.

니 르기

4. 기쁠 때

주요표현

A : Я сдала́ экза́мен.
야 즈달라– 에그자–민

B : Поздравля́ю с успе́шной сда́чей экза́мена.
빠즈드라블랴–유 스 우스뻬–쉬나이 즈다–취이 에그자–미나

A : 저 시험에 붙었어요. (화자가 여자일 때)

B : 시험 합격 축하해요!

저는 오늘 매우 기쁩니다.

Мне сего́дня о́чень ра́достно.
므녜 씨보–드냐 오–췬 라–다스나

축하합니다.

Поздравля́ю.
빠즈드라블랴–유

정말 대단해요!

Э́то потряса́юще!
에–따 빠뜨리싸–유셰

감동했습니다. (화자가 여자일 때)

Я была́ впечатлена́.
야 브일라 프삐취뜰리나–

이것은 정말 좋은 소식입니다.

Э́то действи́тельно хоро́шие но́вости.
에–따 지스뜨비–찔나 하로–쉬예 노–바스찌

정말 기뻐요. (화자가 여자일 때)

Я действи́тельно ра́да.

야 지스뜨비-찔나 라-다

이렇게 기쁠 수가 없어요. (화자가 여자일 때)

Я так ра́да.

야 딱 라-다

그거 다행이네요.

К сча́стью.

크 쉬아스찌유

기분 좋아.

Хоро́шее настрое́ние.

하로-쉬예 나스뜨라예-니예

드디어!

Наконе́ц-то!

나까녜-쯔 따

운이 좋았어요.

Мне повезло́.

므녜 빠비즐로

다 잘되길 바랍니다.

Жела́ю уда́чи.

쥘라-유 우다-취

5. 기분이 좋지 않을 때

주요표현

A : Де́душка сконча́лся про́шлой но́чью.
제–두쉬까 스깐취알쌰 쁘로–쉴라이 노–취유

B : Мне о́чень жаль.
므녜 오–췬 쥐알

A : 어젯밤에 할아버지가 돌아가셨어요.

B : 유감이네요.

너무 슬퍼요.

О́чень гру́стно.
오–췬 그루–스나

마음이 아파요.

Боли́т душа́.
발릿– 두쉬아–

상황이 아주 나빠.

Дела́ о́чень пло́хи.
질라– 오–췬 쁠로–히

희망이 안 보여요.

Наде́жды нет.
나제–쥐딕 녯

아무도 나를 이해 못해.

Никто́ не понима́ет меня́.
니크또– 니 빠니마–잇 미냐–

이미 지난 일이야.

Э́то уже́ в про́шлом.

에-따 우쥐에 프 쁘로-쉴람

내 기분 풀어주려고 하지 마.

Не пыта́йся подня́ть мне настрое́ние.

니 쁘이따-이쌰 빠드냐-쯔 므녜 나스뜨라예-니예

울고 싶어.

Хо́чется пла́кать.

호-취짜 쁠라-까쯔

눈물이 안 멈춰.

Слёзы не прекраща́ются.

슬료-즤 니 쁘리끄라쉬아-유짜

제 마음이 답답합니다.

Щеми́т се́рдце.

쉬미-트 쎼-르쩨

밤을 꼴딱 샜어요. (화자가 남자일 때)

Я не спал всю ночь.

야 니 스빨 프슈 노취

왜 저한테 화가 났어요?

Почему́ ты зли́шься на меня́?

빠취무- 띄 즐리-쉬샤 나 미냐-

주요표현

A : Меня́ уво́лили.
미냐– 우볼–릴리

B : Пра́вда?
쁘라–브다

A : 저 직장에서 해고됐어요.

B : 정말이에요?

아, 놀랐어! (화자가 여자일 때)

Ой, я была́ удивлена́.
오이 야 브일라– 우지블리나–

깜짝 놀랐잖아요. (화자가 여자일 때)

Я удивлена́.
야 우지블리나–

놀래키지 마.

Не удивля́йся.
니 우지블랴–이쌰

금시초문인데요.

Впервы́е слы́шу.
프삐르븨–예 슬릐–쉬우

정말 믿을 수가 없네요.

Действи́тельно не могу́ в э́то пове́рить.
지스뜨비–찔나 니 마구 브 에–따 빠베–리쯔

나 화났어. (화자가 여자일 때)

Я разозли́лась.
야 라자즐릴-라스

신경질 나.

Я не́рвничаю.
야 녜-르브니취유

하나도 안 웃겨.

Совсе́м не смешно́.
쌉씨옘 니 스미쉬노-

나 좀 혼자 내버려 둬.

Оста́вь меня́ в поко́е.
아스따-프 미냐 프 빠꼬-예

너 실망이야. (상대방이 남자일 때)

Ты меня́ разочарова́л.
띄 미냐- 라자취라발-

날 더 기대하게 하지 마.

Не заставля́й меня́ наде́яться.
니 자스따블랴-이 미냐- 나제-야짜

더 이상 참을 수 없어.

Я бо́льше не могу́ э́то терпе́ть.
야 볼-쉬에 니 마구- 에-따 찌르뼤-쯔

---

7. 실망, 불만일 때

주요표현

A : Бо́же мой.
보-쥐에 모이

B : Что случи́лось?
쉬또 슬루췰-라스

A : 아, 맙소사.

B : 웬일이야?

아, 큰일이다!

Ой, у меня́ пробле́мы!

오이 우 미냐 쁘라블레-믜

이거 정말 싫어요.

Я ненави́жу э́то.

야 니나비-쥐우 에-따

이거 별로다.

Э́то не хорошо́.

에-따 니 하라쉬오-

어떡하지?

Что де́лать?

쉬또 젤-라쯔

참 실망스럽네요. (화자가 남자일 때)

Я разочаро́ван.

야 라자취로-반

믿을 수 없어.

Не могу́ в э́то пове́рить.

니　마구　브 에-따 빠볘-리쯔

이제 지겨워.

Мне э́то надое́ло.

므녜　에-따 나다옐-라

포기하지 않을 거야.

Я не сда́мся.

야 니　즈담-쌰

이제 더 이상 참을 수 없다.

Я бо́льше не могу́ э́того выноси́ть.

야 볼-쉬에　니　마구　에-따바 빗나씨-쯔

나를 괴롭히지 마.

Не надоеда́й мне.

니　나다이다-이　므녜

진정하세요.

Успоко́йтесь.

우스빠꼬-이쩨스

그거 정말 실망스러운 일인데요.

Э́то действи́тельно доса́дно.

에-따 지스드비-찔나　다싸-드나

8. 위로할 때

주요표현

A : Почему́ тако́й по́никший?
빠취무-　따꼬-이 뽀니크쉬

B : Ка́жется, я допусти́л оши́бку.
까-쥐짜　야 다쁘스찔-　아쉬-프꾸

A : 왜 풀이 죽어 있어요?

B : 실수한 것 같아서요. (화자가 남자일 때)

문제가 생겼어요.

Возни́кла пробле́ма.
바즈니-끌라　쁘라블레-마

유감입니다.

Неприя́тная но́вость.
니쁘리야-뜨나야　노-바스쯔

힘내세요!

Не уныва́йте!
니　우늬바-이쩨

넌 용기 있는 사람이잖아.

Ты отва́жный челове́к.
띄　앗바-쥐늬　칠라베-크

속상해하지 마.

Не расстра́ивайся.
니　라스뜨라-이바이쌰

화내지 마.

Не зли́сь.

니 즐리-스

겁내지 말아요.

Не бо́йся.

니 보-이쌰

슬퍼하지 마.

Не грусти́.

니 그루스찌-

기회는 많아요. 인생을 긍정적으로 보세요.

Ша́нсов мно́го. Ду́майте о жи́зни позити́вно.

쉬안-싸프 므노-가 두-마이쩨 아 쥐-즈니 빠지찌-브나

신경 쓰지 말아요.

Не ду́майте об э́том.

니 두-마이쩨 아브 에-땀

동사의 명령형은 어간 끝과 강세에 따라 -й, -йте / -и, -ите / -ь, -ьте 중의 하나입니다.

-ся로 끝나는 동사의 명령형은 -йся, -йтесь / -ись, -итесь / -ься, -ьтесь 중의 하나입니다.

9. 칭찬할 때

주요표현

A : Я пригото́вила э́то блю́до.
야 쁘리가또–빌라 에–따 블류–다

B : Как здо́рово. Вы́глядит вку́сно.
깍 즈도–라바 븨–글리지트 프꾸–스나

A : 이거 제가 요리했어요. (화자가 여자일 때)

B : 멋지네요. 맛있어 보여요.

대단하네요!

Невероя́тно!
니비라야–뜨나

훌륭하네요!

Замеча́тельно!
자미취아–찔나

네가 최고야. (상대방이 남자일 때)

Ты са́мый лу́чший.
띄 싸–믜 룻–쉬이

당신은 정말 친절하시네요.

Вы так добры́.
븨 딱 다브릐–

잘했습니다.

Отли́чно срабо́тано.
앗뜰리–취나 스라보–따나

나는 당신이 자랑스럽습니다.

Я горжу́сь ва́ми.
야 가르쥐우–스 바–미

네게서 좋은 향기가 난다.

От тебя́ хорошо́ па́хнет.
앗 찌뱌– 하라쉬오– 빠–흐니트

옷을 정말 잘 입는다.

Ты действи́тельно хорошо́ одева́ешься.
띄 지스뜨비–찔나 하라쉬오– 아지바–이쉬쌰

오늘 너무 아름답다.

Сего́дня так краси́во.
씨보–드냐 딱 끄라씨–바

난 널 믿어.

Я доверя́ю тебе́.
야 다비랴–유 찌볘–

넌 정말 재미있어. (상대방이 남자일 때)

Ты о́чень весёлый.
띄 오–친 비쏠–릐

늘 너한테 많이 배운다.

Всегда́ мно́гому у тебя́ учу́сь.
프씨그다– 므노–가무 우 찌뱌– 우취우스

---

10. 사과할 때

주요표현

A : Андре́й, что произошло́?
안드레-이 쉬또 쁘라이자쉴로-

B : Извини́те, я проспа́л.
이즈비니-쪠 야 쁘라스빨-

A : 안드레이, 어떻게 된 거야?

B : 죄송합니다. 늦잠을 잤습니다. (화자가 남자일 때)

미안해.

Извини́.
이즈비니-

늦어서 미안합니다.

Извини́те за опозда́ние.
이즈비니-쪠 자 아빠즈다-니예

알람을 듣지 못했습니다. (화자가 남자일 때)

Не услы́шал буди́льник.
니 우슬리-쉬알 부질-니크

용서를 구합니다.

Прошу́ проще́ния.
쁘라쉬우- 쁘라쉬예-니야

제 잘못입니다.

Э́то моя́ вина́.
에-따 마야- 비나-

제 실수입니다.

Э́то моя́ оши́бка.

에—따 마야— 아쉽—까

같은 실수를 반복하지 않겠습니다.

Бо́льше не повторю́ тако́й оши́бки.

볼—쉬예 니 빠프따류— 따꼬—이 아쉽—끼

괜찮아요.

Ничего́.

니취이보—

걱정 마.

Не пережива́й.

니 삐리쥐바—이

침착해.

Успоко́йся.

우스빠꼬—이쌰

사과의 표현을 할 때도 감사의 표현과 마찬가지로 그 이유에 전치사 за 대격을 씁니다. 실수를 반복하지 않겠다는 표현에서 тако́й оши́бки는 생격으로, 그런 실수가 없도록 하겠다는 뜻으로 '없음'을 나타내므로 생격이 쓰였고, 정중하게 용서를 구하는 прошу́ проще́ния에서 проще́ния도 생격인데 추상적인 내용을 요청할 때도 생격이 쓰입니다.

11. 감사할 때

주요표현

A : Спаси́бо.
스빠씨–바

B : Не́ за что.
녜– 자 쉬따

A : 감사합니다.

B : 천만에요.

대단히 감사합니다.

Большо́е спаси́бо.
발쉬오–예　　스빠씨–바

선물 감사합니다.

Спаси́бо за пода́рок.
스빠씨–바　　자　빠다–라크

가르침에 감사합니다.

Спаси́бо за обуче́ние.
스빠씨–바　　자　아부취예–니예

신경 써 주셔서 감사합니다.

Спаси́бо за внима́ние.
스빠씨–바　　자　브니마–니예

도와주셔서 감사합니다.

Благодарю́ за по́мощь.
블라가다류–　　자　뽀–마쉬

저는 당신께 무척 감사드립니다. (화자가 여자일 때)

Я вам о́чень благода́рна.

야 밤 오-취인 블라가다-르나

저는 당신께 무척 감사드립니다. (화자가 남자일 때)

Я вам о́чень благода́рен.

야 밤 오-취인 블라가다-린

여러분께 감사를 드립니다.

Спаси́бо всем.

스빠씨-바 프쎔

당신 덕분입니다.

Благодаря́ вам.

블라가다랴- 밤

아무것도 아니에요.

Пустяки́.

뿌스찌끼-

감사하다는 표현은 спаси́бо나 동사 благодари́ть를 주로 사용하며, 고마운 이유는 за 대격으로 표현합니다. 고맙다는 인사에 대한 답으로는 Нé за что, Пожа́луйста, Пустяки́, Не сто́ит 등의 표현이 쓰입니다.

12. 허락, 허가의 표현

주요표현

A : Мóжно éхать не спешá?
모-쥐나 예-하쯔 니 스삐쉬아-

B : Нет, опáсно. Остановúте машúну.
녜트 아빠-스나 아스따나비-쩨 마쉬-누

A : 천천히 운전해도 되겠지요?

B : 아니요, 위험해요. 차 세워요.

여기서 사진 찍어도 됩니까?

Тут мóжно фотографúровать?
뚜트 모-쥐나 파따그라피-라바쯔

네, 물론이죠.

Да, конéчно.
다 까녜-쉬나

사진 찍으면 안 됩니다.

Нельзя́ фотографúровать.
닐쟈- 파따그라피-라바쯔

주차 금지.

Стоя́нка запрещенá.
스따얀-까 자쁘리쉬나-

통행 금지.

Проéзд запрещён.
쁘라예-스트 자쁘리쉬욘-

관계자 외 출입 금지.

Посторóнним вход запрещён.
빠스따론-님 프호트 자쁘리쉬욘-

여기서 담배 피워도 됩니까?

Здесь мóжно курúть?
즈졔스 모-쥐나 꾸리-쯔

금연구역입니다.

Курúть запрещенó.
꾸리-쯔 자쁘리쉬노-

여기서 먹지 마세요.

Не éшьте тут.
니 예-쉬쪠 뚜트

잔디를 밟지 마세요.

По газóну не ходúть.
빠 가조-누 니 하지-쯔

▶금지를 표현하는 방법들

1) нельзя́ 혹은 'запрещенó+동사원형(불완료)'

2) 명사+запрещён, запрещенá, запрещенó, запрещены́

3) 'не+명령형' 혹은 'не+동사원형(불완료)'

13. 거절할 때

주요표현

A : Мóжно здесь сфотографи́роваться?
모–쥐나 즈제스 스파따그라피–라바짜

B : Нет. Запрещенó.
녯 자쁘리쉬노–

A : 여기서 사진 찍어도 됩니까?

B : 아니요. 금지되어 있습니다.

제가 오늘은 너무 바빠요. (화자가 여자일 때)

Я сегóдня слишком занятá.
야 씨보–드냐 슬리–쉬깜 자니따–

죄송하지만 오늘은 약속이 있어서요.

Извини́те, но сегóдня у меня́ встрéча.
이즈비니–쩨 노 씨보–드냐 우 미냐 프쓰드레–취아

유감스럽지만 갈 수 없습니다.

Извини́те, но я не могу́ пойти́.
이즈비니–쩨 노 야 니 마구– 빠이찌–

나도 그러고 싶은데 다른 계획이 있어. (화자가 여자일 때)

Я бы хотéла, но у меня́ други́е плáны.
야 븨 하쪨–라 노 우 미냐– 드루기–예 쁠라–늬

미안. 다음에.

Извини́. В слéдующий раз.
이즈비니– 프 슬레–두유쉬 라스

조금 어려울 것 같습니다.

Э́то ка́жется немно́го сло́жным.

에–따 까–쥐짜 님노–가 슬로–쥐님

농담으로라도 안 돼요.

Э́то недопусти́мо да́же в шу́тку.

에–따 니다뿌스찌–마 다–쥐에 프 쉬우–뜨꾸

생각할 시간이 필요해요.

Мне ну́жно вре́мя поду́мать.

므녜 누–쥐나 브례–먀 빠두–마쯔

내일 답을 드리겠습니다.

Я дам отве́т за́втра.

야 담 앗볫– 자–프뜨라

안 되겠는데요.

Я не могу́.

야 니 마구–

주요표현

A : Мóжете мне занять 100(сто) рублéй?
모-쥐쩨 므녜 자냐-쯔 스또 루블례-이

B : Конéчно, возьмите.
까녜-쉬나 바즈미-쩨

A : 100루블 빌려주실 수 있습니까?

B : 그럼요, 여기 있습니다.

이 전화 써도 되나요?

Мóжно воспóльзоваться э́тим телефóном?
모-쥐나 바스뽈-자바짜 에-찜 찔리포-남

네, 공짜예요.

Да, э́то бесплáтно.
다 에-따 비스쁠라-뜨나

이 사전 빌릴 수 있습니까?

Мóжно воспóльзоваться э́тим словарём?
모-쥐나 바스뽈-자바짜 에-찜 슬라바룜-

네, 이걸 빌려드리겠습니다.

Да, я вам дам попóльзоваться.
다 야 밤 담 빠뽈-자바짜

아니요, 그럴 수 없어요. 미안합니다.

Нет, к сожалéнию. Извините.
녜트 끄 싸쥐알례-니유 이즈비니-쩨

휴대폰 빌릴 수 있을까요?

Мóжно я позвоню́ с вáшего сóтового телефóна?

모-쥐나 야 빠즈바뉴- 스 바-쉬바 쏘-따바바 찔리포-나

네, 그러세요.

Да, конéчно.

다 까녜-쉬나

돈을 빌려줄게.

Я займý тебé дéньги.

야 자이무- 찌베- 젠-기

얼마나 필요합니까?

Скóлько нýжно?

스꼴-까 누-쥐나

급합니다.

Мне срóчно.

므녜 스로-취나

'мóжно+동사원형' 구문은 구어체에서 'мóжно+주어+동사'로도 사용됩니다.
Мóжно мне позвони́ть с вáшего телефóна?
= Мóжно я позвоню́ с вáшего телефóна?
휴대폰 빌릴 수 있을까요? (제가 당신 휴대폰으로부터 전화해도 되나요?)

15. 외모에 대한 표현

주요표현

A : Кто э́тот высо́кий челове́к?
크또 에-땃 븨쏘-끼 췰라벡-

B : Э́то мой друг.
에-따 모이 드룩

A : 저 키 큰 사람은 누구입니까?

B : 제 친구입니다.

당신의 여자 친구는 어떤 사람이에요?

Расскажи́те о свое́й де́вушке.
라스까쥐-쩨 아 스바예-이 졔-부쉬께

그녀는 날씬합니다.

Она́ стро́йная.
아나- 스뜨로-이나야

그녀는 피부가 곱습니다.

У неё хоро́шая ко́жа.
우 니요- 하로-쉬아야 꼬-쥐아

나에게는 세상에서 제일 아름다운 여자예요.

Для меня́ э́то са́мая краси́вая же́нщина в ми́ре.
들랴 미냐- 에-따 싸-마야 끄라씨-바야 쥐엔-쉬나 브 미-례

당신의 체중은 어떻게 되나요?

Ско́лько вы ве́сите?
스꼴-까 븨 베-씨쩨

그녀는 재미있고 유머 감각이 뛰어나요.

Oнá óчень интерéсная с прекрáсным чýвством ю́мора.
아나- 오-췬 인찌레-스나야 스 쁘리끄라-스느임 추-스뜨밤 유-마라

저는 뚱뚱합니다. (화자가 남자일 때)

Я пóлный.
야 뽈-느이

저는 배가 날씬했으면 좋겠어요. (화자가 여자일 때)

Я бы хотéла избáвиться от животá.
야 븨 하쩰-라 이즈바-비짜 앗 쥐바따-

키가 어떻게 되세요?

Какóй у вас рост?
까꼬-이 우 바스 로스뜨

저는 180센티미터입니다.

Мой рост 180(сто вóсемьдесят) сантимéтров.
모이 로스뜨 스또 보-씸지씻 싼찌메-뜨라프

사람의 성격이나 외모는 주로 형용사로 표현하며, 주어의 성별에 따라 어미가 달라집니다.

Она стрóйная. 그녀는 날씬하다. Он стрóйный. 그는 날씬하다.
Она высóкая. 그녀는 키가 크다. Он высóкий. 그는 키가 크다.

16. 성격에 대한 표현

주요표현

A : Что за челове́к Алекса́ндр?
쉬또 자 췰라벡- 알렉싼-드르

B : Он о́чень до́брый челове́к.
온 오-췬 도-브리 췰라벡-

A : 알렉산드르는 어떤 사람입니까?

B : 굉장히 친절한 사람입니다.

그의 성격은 어떻습니까?

Како́й у него́ хара́ктер?
까꼬-이 우 니보- 하락-찌르

그는 마음이 따뜻한 사람이에요.

Он душе́вный челове́к.
온 두쉬에-브늬 췰라벡-

저랑 그는 잘 안 맞아요.

Мы с ним не подхо́дим.
믜 스 님 니 빳호-짐

그녀는 성격이 조금 급해요.

Она́ немно́го несде́ржанна по хара́ктеру.
아나- 님노-가 니즈제르쥐안나 빠 하락-찌루

저는 완벽주의자입니다.

Я перфекциони́ст.
야 삐르픽찌아니-스뜨

그는 정말 차가운 사람이야.

Он действи́тельно холо́дный челове́к.

온 지스뜨비-찔나 할로-드늬 췰라벡-

저는 사교적이에요. (화자가 여자일 때)

Я общи́тельная.

야 압쉬-찔나야

그녀는 유머 감각이 좋아.

У неё хоро́шее чу́вство ю́мора.

우 니요 하로-쉬예 추-스뜨바 유-마라

그는 늘 트집을 잡아요.

Он всегда́ де́лает замеча́ния.

온 프씨그다- 젤-라잇 자미춰아-니야

당신들은 서로 잘 맞을 것 같아요.

Я ду́маю, вы хорошо́ подойдёте друг дру́гу.

야 두-마유 븨 하라쉬오 빠다이죠-쩨 드룩 드루-구

우리는 개방적인 사람들이야.

Мы откры́тые лю́ди.

믜 앗끄릐-띄예 류-지

나는 네가 생각하는 것보다 강한 사람이야.

Я сильне́е, чем ты ду́маешь.

야 씰녜-예 췸 띄 두-마이쉬

17. 호감을 나타낼 때

주요표현

A : Дани́л, у вас сейча́с есть вре́мя?
다닐– 우 바스 씨이취아–스 예스쯔 브례–먀

B : Да, а что?
다 아 쉬또

A : 다닐, 지금 시간 있어요?

B : 네, 왜요?

오늘 저녁 시간 있어요?

Сего́дня ве́чером свобо́дны?
씨보–드냐 베–취이람 스바보–드늬

무슨 일이에요?

Почему́ спра́шиваете?
빠취무– 스쁘라–쉬바이쩨

저녁 식사 같이 합시다.

Дава́йте вме́сте поу́жинаем.
다바–이쩨 브몌–스쪠 빠우–쥐이나임

무엇을 먹을까요?

Что бу́дем есть?
쉬또 부–짐 예스쯔

와인 한잔 해요.

Дава́йте вы́пьем вина́.
다바–이쩨 빅–삠 비나–

당신을 사랑해요.

Я люблю́ тебя́.

야 류블류-　찌뱌-

첫눈에 반했어요.

Э́то любо́вь с пе́рвого взгля́да.

에-따 류보-프　스 뻬-르바바　브즈글랴-다

나랑 사귈래요?

Бу́дешь встреча́ться со мной?

부-지쉬　프스뜨리취아-짜　싸 므노이

저는 여자 친구가 있어요.

У меня́ есть де́вушка.

우 미냐-　예스쯔 제-부쉬까

저는 남자 친구가 있어요.

У меня́ есть па́рень.

우 미냐-　예스쯔 빠-린

남녀가 서로 교제한다는 의미를 말할 때는 встреча́ться를 쓰고, 친구로 지내자는 의미일 때는 дружи́ть를 씁니다.

Бу́дешь встреча́ться со мной? 나랑 사귈래요?

Бу́дешь дружи́ть со мной? 나랑 친구로 지낼래?

관련단어

감정 표현

чу́вство	취우–스뜨바	감정
любо́вь	류보–프	사랑〈여〉
боя́знь	바야–즌	두려움〈여〉
наде́жда	나졔–쥐다	희망
одино́чество	아지노–취스뜨바	외로움
не́нависть	녜–나비스쯔	증오〈여〉
отча́яние	앗취아–야니예	절망
хра́брость	흐라–브라스쯔	용기〈여〉
нра́виться	느라–비짜	좋아하다〈불완료〉
люби́ть	류비–쯔	사랑하다〈불완료〉
ненави́деть	니나비–지쯔	싫어하다〈불완료〉
пла́кать	쁠라–까쯔	울다〈불완료〉
смея́ться	스미야–짜	웃다〈불완료〉
счастли́вый	쉬슬리–븨	행복한
удиви́тельный	우지비–찔늬	놀라운
серди́тый	씨르지–띄	화난
весёлый	비쑐–릐	즐거운
печа́льный	삐취알–늬	슬픈
го́рдый	고–르듸	자랑스러운
ра́достный	라–다스늬	기쁜
напряжённый	나쁘리쥐욘–늬	긴장한
беспоко́йный	비스빠꼬–이늬	걱정스러운
гру́стный	그루–스늬	우울한
несча́стный	니쉬아–스늬	비참한
ужа́сный	우쥐아–스늬	끔찍한
го́рестный	고–리스늬	침통한

серьёзный	씨리요-즈늬	심각한
беспоко́йный	비스빠꼬-이늬	불안한
вели́кий	빌리-끼	훌륭한
несча́стный	니쉬아-스늬	불행한
кошма́рный	까쉬마-르늬	공포스러운
удовлетворённый	우다블리뜨바룐-늬	만족스러운
фантасти́ческий	판따스찌-취스끼	환상적인
одино́кий	아지노-끼	고독한
неприя́тный	니쁘리야-뜨늬	불쾌한
плохо́й	쁠라호-이	나쁜
сумасше́дший	쑤마쉬에드쉬이	미친
не́рвный	녜-르브늬	신경질적인
глу́пый	글루-삐	어리석은
отврати́тельный	앗브라찌-찔늬	역겨운

외모

вне́шность	브녜-쉬나스쯔	외모〈여〉
краси́вый	끄라씨-븨	아름다운, 잘생긴
высо́кого ро́ста	븨쏘-까바 로-스따	키가 큰
ма́ленького ро́ста	말-린까바 로-스따	키가 작은
сре́днего ро́ста	스례-드니바 로-스따	평균 키의
ми́лый	밀-리	귀여운
привлека́тельный	쁘리블리까-찔늬	매력적인
симпати́чный	씸빠찌-취늬	호감 가는
краси́вый	끄라씨-븨	잘생긴
уро́дливый	우로-들리븨	못생긴
то́лстый	똘-스띄	뚱뚱한

관련단어

худóй	후도-이	마른
пóлный	뽈-늬	통통한
стрóйный	스뜨로-이늬	날씬한
блонди́н	블란진-	금발 남자
блонди́нка	블란진-까	금발 여자
брюнéт	브류네-트	검은 머리 남자
брюнéтка	브류네-트까	검은 머리 여자
шатéн	쉬아뗀-	갈색 머리 남자
шатéнка	쉬아뗀-까	갈색 머리 여자
блéдный	블레-드늬	창백한

일상생활 4장

1. 학교 생활
2. 회사 생활
3. 주거
4. 휴가 계획
5. 취미 생활
6. 스포츠
7. 병원에서
8. 약국에서
9. 우체국에서
10. 미용실에서
11. 도서관에서
12. 은행에서
13. 극장에서

1. 학교 생활

주요표현

A : Как вы добира́етесь до шко́лы?
까크 븨 다비라–이찌스 다 쉬꼴–리

B : На авто́бусе и́ли на метро́.
나 아프또–부쎼 일–리 나 미뜨로–

A : 학교는 어떻게 가십니까?

B : 버스나 지하철로 갑니다.

스쿨버스로 갑니다.

Я добира́юсь на шко́льном авто́бусе.
야 다비라–유스 나 쉬꼴–남 아프또–부쎼

우리는 걸어서 학교에 갑니다.

Мы идём до шко́лы пешко́м.
믜 이좀– 다 쉬꼴–리 삐쉬꼼–

자전거로 갑니다.

На велосипе́де.
나 빌라씨뻬–졔

학교에 데려다 주실 수 있나요?

Вы мо́жете меня́ довезти́ до шко́лы?
븨 모–쥐이쪠 미냐– 다비스찌– 다 쉬꼴–리

당신이 다니는 학교는 공립입니까?

Шко́ла, в кото́рой вы у́читесь, госуда́рственная?
쉬꼴–라 프 까또–라이 븨 우–취찌스 가쑤다–르스뜨빈나야 학교가 집에서 먼가요?

Шко́ла далеко́ от до́ма?

쉬꼴–라 달리꼬– 앗 도–마

아니요, 가깝습니다.

Нет, бли́зко.

녜트 블리–스까

거기 가는 데 10분밖에 안 걸려요.

Доро́га занима́ет всего́ 10(де́сять) мину́т.

다로–가 자니마–이트 프씨보– 졔–씨즈 미누–트

도서관은 어디에 있습니까?

Где нахо́дится библиоте́ка?

그졔 나호–지짜 비블리아쪠–까

그것은(도서관) 캠퍼스 중간에 있습니다.

Она́ нахо́дится посреди́ ка́мпуса.

아나– 나호–지짜 빠스리지– 깜–뿌사

교통수단을 표현할 때는 на 전치격을 사용합니다.

공립학교는 госуда́рственная шко́ла, 사립학교는 ча́стная шко́ла라고 합니다.

주요표현

A : У вас ча́сто быва́ют перерабо́тки?
우 바스 취-아스따 븨바-유트 삐리라보-뜨끼

B : Да, поэ́тому ча́сто устаю́.
다 빠에-따무 취-아스따 우스따유-

A : 잔업을 많이 합니까?

B : 네, 그래서 종종 피곤해요.

하고 싶은 일을 하는 게 바람직하지요.

Пра́вильно занима́ться рабо́той по душе́.
쁘라-빌나 자니마-짜 라보-따이 빠 두쉬예-

잘하는 분야에서 일하는 게 좋습니다.

Хорошо́ рабо́тать в той сфе́ре, в кото́рой ты специали́ст.
하라쉬오- 라보-따쯔 프 또이 스페-례 프 까또-라이 띄 스삐찌알리-스뜨

정년은 60세입니다.

Рабо́чий во́зраст до 60(шестидесяти́) лет.
라보-취이 보-즈라스뜨 다 쉬스찌지시찌- 례트

저는 오늘 밤 늦게까지 일해야 합니다.

Сего́дня мне придётся рабо́тать допоздна́.
씨보-드냐 므녜 쁘리죠-짜 라보-다쯔 다빠즈나-

매일 일이 많아 바쁩니다. (화자가 남자일 때)

Ка́ждый день за́нят из-за того́, что мно́го рабо́ты.
까-쥐듸 젠 자-니트 이자 따보- 쉬또 므노-가 라보-띄

그는 일중독자 같아요.

Похóже, он трудогóлик.

빠호–쥐예 온 뜨루다골–리크

저는 일주일에 3번 정도 야근합니다.

Я примéрно 3(три) рáза в недéлю рабóтаю сверхурóчно.

야 쁘리메–르나 뜨리 라–자 브 니젤–류 라보–따유 스비르흐우로–취나

우리는 주5일제 근무입니다.

Мы рабóтаем 5(пять) дней в недéлю.

믜 라보–따임 빠쯔 드녜이 브 니젤–류

이제 퇴근합시다.

Пойдёмте домóй.

빠이죰–쪠 다모–이

파트타임이라도 계속 일하고 싶습니다.

Хочý продолжáть рабóтать, дáже éсли э́то

하취우– 쁘라달쥐아–쯔 라보–따쯔 다–쥐예 예–슬리 에–따

почасовáя рабóта.

빠취싸바–야 라보–따

일정 기간에 몇 회인지 표현할 때 횟수는 '숫자+단위', 기간은 'в+대격'으로 표현합니다.

три рáза в недéлю 일주일에 3번

пять дней в недéлю 일주일에 5일

주요표현

A : Почём аре́нда?
빠취욤- 아롄-다

B : 1000(ты́сяча) до́лларов в ме́сяц.
띄-씨취아 돌-라라프 브 몌-씨쯔

A : 임대료는 얼마인가요?

B : 월 1000달러입니다.

어디 사세요?

Где вы живёте?
그제 븨 쥐이뵤-쪠

아파트에 살아요.

Я живу́ в кварти́ре.
야 쥐이부- 프 끄바르찌-례

몇 층에 살고 있습니까?

На како́м этаже́ вы живёте?
나 까꼼- 에따쥐에- 븨 쥐이뵤-쪠

저는 2층에 삽니다.

Я живу́ на 2-м(второ́м) этаже́.
야 쥐이부- 나 프따롬- 에따쥐에-

임대 아파트입니다.

Э́то кварти́ра госуда́рственной аре́нды.
에-따 끄바르찌-라 가쑤다-르스뜨빈나이 아롄-듸

작년에 구입했습니다. (화자가 여자일 때)

Приобрела́ в про́шлом году́.

쁘리아브릴라-　프 쁘로-쉴람　가두-

은행 대출을 받았습니다. (화자가 남자일 때)

Взял креди́т в ба́нке.

브잘　끄리지-트 브 방-꼐

서울에 살고 있습니다.

Я живу́ в Сеу́ле.

야 쥐이부- 프 씨울-례

서울까지 교통이 잘되어 있어요.

Тра́нспортная сеть до Сеу́ла о́чень развита́.

뜨란-스빠르뜨나야　셰쯔　다　씨울-라　오-취인　라즈비따-

주차 공간은 있습니까?

Есть ли па́рковка?

예스쯔　리　빠-르꼬프까

почём은 ско́лько сто́ит, 즉 값이 얼마인지 물어보는 단어로, почём 뒤에 물어보고 싶은 단어를 써 주면 됩니다.

4. 휴가 계획

주요표현

A : Чем собира́етесь заня́ться во вре́мя о́тпуска?
취옘 싸비라-이찌쓰 자냐-짜 바 브레-먀 옷-뿌스까

B : Собира́юсь пое́хать в путеше́ствие за грани́цу.
싸비라-유스 빠예-하쯔 브 뿌찌쉬예-스뜨비예 자 그라니-쭈

A : 휴가 때 무엇을 하실 생각입니까?

B : 해외 여행을 갈 겁니다.

며칠 간 휴가입니까?

Ско́лько дней у вас о́тпуск?
스꼴-까 드네이 우 바스 옷-뿌스끄

일주일 쉽니다.

Мы отдыха́ем 1(одну́) неде́лю.
믜 앗듸하-임 아드누- 니젤-류

좋은 휴가 계획 있습니까?

Есть хоро́шие иде́и проведе́ния о́тпуска?
예스쯔 하로-쉬예 이졔-이 쁘라비졔-니야 옷-뿌스까

휴가는 어떻게 보내실 겁니까?

Как собира́етесь провести́ о́тпуск?
까크 싸비라-이찌스 쁘라비스찌- 옷-뿌스끄

유람선 여행을 즐길 겁니다.

Бу́ду наслажда́ться о́тдыхом на теплохо́де.
부-두 나슬라쥐다-짜 옷-듸함 나 찌쁠라호-졔

가족과 함께 국내 여행을 할 계획입니다.

Плани́рую путеше́ствовать по стране́ вме́сте
쁠라니–루유 뿌찌쉬예–스뜨바바쯔 빠 스뜨라녜– 브메–스쪠

с семьёй.
스 씸요–이

집에서 쉴 겁니다.

Бу́ду отдыха́ть до́ма.
부–두 앗듸하–쯔 도–마

하루 종일 TV를 볼 겁니다.

Це́лыми дня́ми бу́ду смотре́ть телеви́зор.
쩰–리미 드냐–미 부–두 스마뜨례–쯔 찔리비–자르

제 생각엔 그게 최고의 휴식 같아요.

Я счита́ю, э́то са́мый лу́чший о́тдых.
야 쉬따–유 에–따 싸–믜 룻–쉬 옷–듸흐

일 때문에 쉬지 못합니다.

Не полу́чится отдохну́ть из-за рабо́ты.
니 빨루–취짜 앗다흐누–쯔 이자 라보–띄

무언가를 할 계획일 때는 '계획한다'는 뜻의 плани́ровать나 '~하려고 한다'는 뜻의 собира́ться 뒤에 동사원형을 씁니다.

주요표현

A : Како́е у вас хо́бби?
까꼬-예 우 바스 호-비

B : Я люблю́ рисова́ть.
야 류블류- 리싸바-쯔

A : 취미가 무엇입니까?

B : 저는 그림 그리기를 좋아해요.

어떤 스포츠를 좋아하세요?

Каки́м спо́ртом вы увлека́етесь?
까낌- 스뽀-르땀 븨 우블리까-이찌스

저는 축구 하는 것을 좋아합니다.

Я люблю́ игра́ть в футбо́л.
야 류블류- 이그라-쯔 프 푸드볼-

매주 축구를 합니다.

Ка́ждую неде́лю игра́ю в футбо́л.
까-쥐두유 니젤-류 이그라-유 프 푸드볼-

저는 야구를 좋아합니다.

Я люблю́ бейсбо́л.
야 류블류- 비즈볼-

저는 친구들과 골프를 칩니다.

Я игра́ю в гольф с друзья́ми.
야 이그라-유 브 골프 즈 드루쟈-미

등산을 좋아합니다.

Люблю́ ходи́ть в го́ры.

류블류- 하지-쯔 브 고-리

우리는 수영장에서 수영을 합니다.

Мы пла́ваем в бассе́йне.

믜 쁠라-바임 브 바쎄-이녜

파티에 가는 걸 좋아하세요?

Вы лю́бите вечери́нки?

븨 류-비쪠 비취이린-끼

친구들과 여행을 갑니다.

С друзья́ми е́дем путеше́ствовать.

즈 드루쟈-미 예-짐 뿌찌쉬예-스뜨바바쯔

이번 주 토요일 당신을 우리집에 초대하고 싶어요.

Хочу́ пригласи́ть вас к нам домо́й в э́ту суббо́ту.

하취우- 쁘리글라씨-쯔 바스 끄 남 다모-이 브 에-뚜 쑤보-뚜

동사 люби́ть는 명사 대격 혹은 동사원형이 올 수 있습니다.
Я люблю́ футбо́л. 나는 축구를 좋아한다.
Я люблю́ игра́ть в футбо́л. 나는 축구 하는 것을 좋아한다.
하지만 동사 увлека́ться는 조격만 쓸 수 있습니다.
Я увлека́юсь футбо́лом. 나는 축구를 좋아한다. (취미)

주요표현

A : Вы занима́етесь спо́ртом?
빅 자니마-이찌스 스뽀-르땀

B : Да, мне нра́вится футбо́л.
다 므녜 느라-비짜 푸드볼-

A : 운동을 하시나요?

B : 예, 축구를 즐깁니다.

스포츠 좋아하세요?

Вы лю́бите спорт?
븨 류-비제 스뽀-르뜨

저는 모든 스포츠를 다 좋아합니다.

Я люблю́ все ви́ды спо́рта.
야 류블류 프셰 비-듸 스뽀-르따

좋아하는 운동이 무엇입니까?

Како́й ваш люби́мый вид спо́рта?
까꼬-이 바쉬 류미-믜 빗 스뽀-르따

내가 좋아하는 운동은 수영입니다.

Мой люби́мый вид спо́рта – пла́вание.
모이 류비-믜 빗 스뽀-르따 쁠라-바니예

어떤 운동을 하십니까?

Каки́м спо́ртом вы занима́етесь?
까낌- 스뽀-르땀 븨 자니마-이쩨스

테니스를 즐깁니다.

Мне нра́вится те́ннис.

므녜 느라-비짜 떼-니스

얼마나 자주 테니스를 하십니까?

Как ча́сто вы игра́ете в те́ннис?

깍 취아스따 븨 이그라-이쪠 프 떼-니스

일주일에 한두 번 합니다.

Оди́н и́ли два ра́за в неде́лю.

아진- 일-리 드바 라-자 브 니젤-류

축구 하는 것도 좋아하세요?

Вы увлека́етесь футбо́лом?

븨 우블리까-이쩨스 푸드볼-람

아뇨, 축구에는 관심이 없어요.

Нет, футбо́л меня́ не интересу́ет.

녯 푸드볼- 미냐- 니 인찌리쑤-잇

저는 야구를 좋아해요.

Я люблю́ бейсбо́л.

야 류블류- 비즈볼-

연습하면 더 좋아질 겁니다.

Бу́дет лу́чше, е́сли вы бу́дете практикова́ться.

부-짓 룻-쉬에 예-슬리 븨 부-지쩨 쁘락찌까바-짜

주요표현

A : Что у вас боли́т?
쉬또 우 바즈 발릿–

B : У меня́ температу́ра.
우 미냐– 찜뻬라뚜–라

A : 어디가 아프세요?

B : 저 열이 나요.

몸이 아파요.

Те́ло ло́мит.
쩰–라 로–미트

입원해야 합니까?

Необходи́ма госпитализа́ция?
니압하지–마 가스삐딸리자–찌야

바로 여기가 아파요.

Вот тут боли́т.
봇 뚜트 발릿–

오한이 나요.

У меня́ озно́б.
우 미냐– 아즈노–프

구역질이 나고 아무것도 못 먹겠어요.

Тошни́т и не могу́ есть.
따쉬닛– 이 니 마구– 예스쯔

머리가 어지러워요.

У меня́ кру́жится голова́.

우 미냐– 끄루–쥐짜 갈라바–

목이 아파요.

Боли́т го́рло.

발릿– 고–를라

기침이 멈추지 않아요.

Ка́шель не прекраща́ется.

까–쉴 니 쁘리끄라쉬아–이짜

계속 재채기가 나와요.

Постоя́нно чиха́ю.

빠스따얀–나 취하–유

콧물이 너무 많이 나요.

Со́пли ручьём.

쏘–쁠리 루취욤–

주사 놓겠습니다.

Поста́влю вам уко́л.

빠스따–블류 밤 우꼴–

옷을 벗어주세요.

Сними́те оде́жду.

스니미–쩨 아졔–쥐두

주요표현

A : У вас есть таблéтки от головнóй бóли?
우 바스 예스쯔 따블례-뜨끼 앗 갈라브노-이 볼-리

B : Да, есть. Подождúте минýтку.
다 예스쯔 빠다쥐지-쩨 미누-뜨꾸

A : 두통약 있습니까?

B : 네, 있습니다. 잠시만 기다려 주세요.

이 처방전대로 약 주세요.

Дáйте лекáрство по э́тому рецéпту.
다-이쩨 리까-르스뜨바 빠 에-따무 리쩹-뚜

이 약을 처방전 없이 살 수 있습니까?

Э́то лекáрство мóжно купúть без рецéпта?
에-따 리까-르스뜨바 모-쥐나 꾸삐-쯔 비스 리쩹-따

감기약 있습니까?

Есть лекáрство от простýды?
예스쯔 리까-르스뜨바 앗 쁘라스뚜-듸

소화제 주세요.

Дáйте препарáт для пищеварéния.
다-이쩨 쁘리빠랏- 들랴 삐쉬바례-니야

이 소화제는 언제 먹습니까?

Кагдá принимáть э́тот препарáт для пищеварéния?
까그다- 쁘리니마-쯔 에-땃 쁘리빠랏- 들랴 삐쉬바례-니야

이 약은 식후에 드세요.

Принима́йте э́то лека́рство по́сле еды́.
쁘리니마–이쩨 에–따 리까–르스뜨바 뽀–슬레 이듸–

이 약은 우유랑 먹지 마세요.

Э́то лека́рство нельзя́ принима́ть с молоко́м.
에–따 리까–르스뜨바 닐쟈– 쁘리니마–쯔 스 말라꼼–

이 약을 먹을 때 특별히 따라야 할 식단이 있나요?

Ну́жно ли соблюда́ть определённую дие́ту
누–쥐나 리 싸블류다–쯔 아쁘리질룐–누유 지예–뚜

при приёме э́того препара́та?
쁘리 쁘리요–메 에–따바 쁘리빠라–따

한 번에 세 알씩 드세요.

Принима́йте 3(три) табле́тки за раз.
쁘리니마–이쩨 뜨리 따블레–뜨끼 자 라스

부작용은 없나요?

Нет ли побо́чного эффе́кта?
넷 리 빠보–취나바 에피옉–따

약 먹는 걸 깜빡했으면 어떡해야 하죠? (화자가 남자일 때)

Что де́лать, е́сли забы́л приня́ть лека́рство?
쉬또 지엘–라쯔 예–슬리 자브일– 쁘리냐–쯔 리까–르스뜨바

주요표현

A : Отпра́вьте э́ту посы́лку в Ю́жную Коре́ю.
앗쁘라–프쩨 에–뚜 빠쓰일–꾸 브 유–쥐누유 까례–유

B : Отпра́вить авиапо́чтой и́ли паро́мом?
앗쁘라–비쯔 아비아뽀–취따이 일–리 빠로–맘

A : 이 소포를 한국에 부쳐주세요.

B : 항공편인가요, 선편인가요?

이 서류들을 블라디보스토크에 보내주세요.

Отпра́вьте э́ти докуме́нты во Владивосто́к.
앗쁘라–프쩨 에–찌 다꾸멘–띄 바 블라디바스똑–

이것을 속달로 부치고 싶어요.

Хочу́ отпра́вить э́то экспре́сс-по́чтой.
하취우– 앗쁘라–비쯔 에–따 엑스쁘레–스 뽀–취따이

선편으로 부쳐주시겠습니까?

Не могли́ бы вы отпра́вить э́то паро́мом?
니 마글리– 븨 븨 앗쁘라–비쯔 에–따 빠로–맘

등기우편으로 부탁합니다.

Хочу́ отпра́вить э́то зака́зным письмо́м.
하취우– 앗쁘라–비쯔 에–따 자까–즈느임 삐스몸–

내용물이 뭔가요?

Что внутри́ посы́лки?
쉬또 브누뜨리– 빠쓰일–끼

서울까지 소포 보내는 데 얼마나 걸립니까?

Ско́лько вре́мени идёт посы́лка до Сеу́ла?

스꼴-까 브레-미니 이죠-트 빠쓰일-까 다 씨울-라

안심소포 서비스를 이용할 수 있나요?

Мо́жно оформи́ть страхо́вку на посы́лку?

모-쥐나 아파르미-쯔 스뜨라호-프꾸 나 빠쓰일-꾸

짐을 몇 개 보내시겠어요?

Ско́лько посы́лок бу́дете отправля́ть?

스꼴-까 빠쓰일-락 부-지쩨 앗쁘라블랴-쯔

제게 온 우편물 있나요?

Есть письмо́ и́ли посы́лка на моё и́мя?

예스쯔 삐스모- 일-리 빠쓰일-까 나 마요- 이-먀

우편번호를 쓰세요.

Укажи́те и́ндекс.

우까쥐-쩨 인-덱스

한번에 보낼 수 있는 소포 사이즈가 어떻게 되죠?

Како́в максима́льный разме́р посы́лки?

까꼬-프 막씨말-늬 라즈메-르 빠쓰일-끼

봉투에 우표를 붙이세요.

Накле́йте на конве́рт ма́рку.

나끌레-이쩨 나 깐베-르뜨 마-르꾸

---

10. 미용실에서

주요표현

A : Какóй стиль вы хотúте?
까꼬-이 스찔 븨 하찌-쩨

B : Подстригúте немнóго.
빳스뜨리기-쩨 님노-가

A : 어떻게 해 드릴까요?

B : 조금만 잘라주세요.

얼마나 잘라드릴까요?

Как вас подстрúчь?

깍 바스 빳스뜨리-취

머리색을 어둡게 하고 싶어요.

Я хочý бóлее тёмный цвет волóс.

야 하취우- 볼-례 쬼-늬 쯔볫 발로-스

조금만 다듬어 주세요.

Подстригúте совсéм немнóго.

빳스뜨리기-쩨 쌉씨옘- 님노-가

스타일을 바꾸고 싶은데요.

Я хочý изменúть стиль.

야 하취우- 이즈미니-쯔 스찔

앞머리 잘라드릴까요?

Вам подстрúчь чёлку?

밤 빳스뜨리-취 취욜꾸

왁스를 어떻게 바르는지 알려주세요.

Подскажи́те, как нанести́ бальза́м?
빳스까쥐-쩨 깍 나니스찌- 발잠-

자연스럽게 파마해 주세요.

Сде́лайте мне хи́мию так, что́бы вы́глядело есте́ственно.
즈젤-라이쩨 므녜 히-미뉴 딱 쉬또-븨 븨-글리질라 이스쩨-스뜨빈나

눈썹을 다듬어 주세요.

Приведи́те в поря́док мой бро́ви.
쁘리비지-쩨 프 빠랴-닥 마이 브로-비

턱수염 좀 잘라주시겠어요?

Подстриги́те мне бо́роду.
빳스뜨리기-쩨 므녜 보-라두

앞머리가 아주 잘 어울리세요.

Вам о́чень идёт чёлка.
밤 오-친 이죳- 취욜-까

다 됐습니다. 마음에 드세요?

Мы зако́нчили. Вам нра́вится?
믜 자꼰-칠리 밤 느라-비짜

주요표현

A : Ско́лько книг мо́жно взять за оди́н раз?
스꼴-까 크닉 모-쥐나 브쟈쯔 자 아진- 라스

B : 3(три) кни́ги.
뜨리 크니-기

A : 한 번에 몇 권 빌릴 수 있습니까?

B : 3권이요.

이용 시간은 9시부터 10시까지입니다.

Вре́мя рабо́ты с 9(девяти́) до 10(десяти́) часо́в.
브레-먀 라보-띄 즈 지비찌- 다 지씨찌- 취쏘-프

이 책을 대출하겠습니다.

Я возьму́ э́ту кни́гу.
야 바지무- 에-뚜 크니-구

이 책은 언제까지 반납해야 합니까?

Когда́ ну́жно верну́ть э́ту кни́гу?
까그다- 누-쥐나 비르누-쯔 에-뚜 크니-구

책을 어디에 반납해야 합니까?

Куда́ ну́жно верну́ть кни́гу?
꾸다- 누-쥐나 비르누-쯔 크니-구

대출을 연장할 수 있습니까?

Мо́жно продли́ть срок испо́льзования кни́ги?
모-쥐나 쁘라들리-쯔 스록 이스뽈-자바니야 크니-기

빌린 책은 조심해서 봐주세요.

Про́сим аккура́тно по́льзоваться взя́тыми кни́гами.
쁘로-씸 아꾸라-뜨나 뽈-자바짜 브쟈-뜨이미 크니-가미

이 책은 5일 내에 반납해 주십시오.

Э́ту кни́гу ну́жно верну́ть в тече́ние 5(пяти́) дней.
에-뚜 크니-구 누-쥐나 비르누-쯔 프 찌취예-니예 삐찌- 드녜이

도서관은 분실에 대해 책임지지 않습니다.

Библиоте́ка не несёт отве́тственности за
비블리아쩨-까 니 니쑈-트 앗볫-스뜨빈나스찌 자

уте́рянные ве́щи.
우쪠-린늬예 볘-쉬

그런 책은 없습니다.

Тако́й кни́ги нет.
따꼬-이 크니-기 녯

예약하시겠습니까?

Бу́дете де́лать бронь?
부-지쩨 지엘-라쯔 브론

관내에서는 취식 금지입니다.

Внутрь библиоте́ки запрещено́ проноси́ть
브누뜨르 비블리아쩨-끼 자쁘리쉬노- 쁘라나씨-쯔

еду́ и напи́тки.
이두- 이 나삐-뜨끼

주요표현

A : Есть расчётный счёт?
예스쯔 라쉬요-뜨늬 쉬요-트

B : Да, есть.
다 예스쯔

A : 여기 계좌 갖고 계세요?

B : 네, 있어요.

돈을 찾겠습니다.

Я сниму́ де́ньги.
야 스니무- 젠-기

이 수표를 현금으로 바꿔주세요.

Разменя́йте э́тот чек на нали́чность, пожа́луйста.
라즈미냐-이쩨 에-땃 취엑 나 날리-취나스쯔 빠쥐알-스따

예금 계좌가 있습니다.

Есть депози́тный счёт.
예스쯔 지빠지-뜨늬 쉬요-트

여기 제 통장입니다.

Вот моя́ ба́нковская кни́жка.
봇 마야- 방-까프스까야 크니-쉬까

예금하겠습니다.

Я внесу́ депози́т.
야 브니쑤- 찌빠지-트

계좌를 개설하고 싶습니다.

Хочу́ откры́ть счёт.
하취우- 앗끄리-쯔 쉬요-트

오늘 환율은 어떻게 됩니까?

Како́й сего́дня курс?
까꼬-이 씨보-드냐 꾸르스

환율은 매일 바뀝니다.

Курс валю́т ка́ждый день меня́ется.
꾸르스 발류-트 까-쥐듸 젠 미냐-이짜

얼마를 환전해 드릴까요?

Ско́лько хоти́те обменя́ть?
스꼴-까 하찌-쩨 압미냐-쯔

이 지폐를 동전으로 바꿔주세요.

Разменя́йте э́ту банкно́ту на ме́лочь, пожа́луйста.
라즈미냐-이쩨 에-뚜 방끄토-뜨 나 멜-라취 빠쥐알-스따

서울에 송금하고 싶습니다.

Хочу́ перечисли́ть в Сеу́л.
하취우- 삐리취슬리-쯔 프 씨울-

비밀번호를 누르세요.

Введи́те код.
비비지-쩨 꼿

주요표현

A : Во ско́лько начина́ется фильм?
바 스꼴-까 나취나-이짜 필름

B : Начина́ется в по́лчетвёртого.
나취나-이짜 프 뽈취뜨뵤-르따마

A : 영화는 몇 시에 시작합니까?

B : 3시 반에 시작합니다.

어디서 표를 삽니까?

Где мо́жно купи́ть биле́т?
그졔 모-쥐나 꾸삐-쯔 빌롓-

학생은 할인이 되나요?

Есть ли ски́дка для шко́льников?
예스쯔 리 스끼트까 들랴 쉬꼴-니까프

지금 어떤 영화가 상영되고 있습니까?

Како́й фильм сейча́с идёт?
까꼬-이 필름 씨취아-스 이좃-

너 이 영화 봤어? (상대방이 여자일 때)

Ты смотре́ла э́тот фильм?
띄 스마뜨롈-라 에-땃 필름

주인공은 누구 누구니?

Кто гла́вные геро́и?
크또 글라-브늬예 기로-이

팝콘 살까?

Ку́пим попко́рн?

꾸-삠 빱꼬른

영화는 몇 시에 끝나나요?

Во ско́лько зака́нчивается фильм?

바 스꼴-까 자깐-취바이짜 필름

내가 본 영화 중에 최고다. (화자가 남자일 때)

Э́то лу́чший фильм, кото́рый я ви́дел.

에-따 룻-쉬 필름 까또-릐 야 비-질

그는 아주 멋진 배우야.

Он прекра́сный актёр.

온 쁘리끄라-스늬 악쬬-르

입장료는 얼마입니까?

Ско́лько сто́ит биле́т?

스꼴-까 스또-잇 빌렛-

두 번째 줄에 앉고 싶어요.

Я хочу́ сиде́ть во второ́м ряду́.

야 하취우 씨젯 바 프따롬- 리두-

더빙이요 자막이요?

Бу́дет дубля́ж и́ли субти́тры?

부-짓 두블라-쉬 일-리 쑵찌-뜨릐

관련단어

직위

до́лжность	돌-쥐나스쯔	직위〈여〉
президе́нт	쁘리지젠-트	회장
вице-президе́нт	비찌 쁘리지젠-트	부회장
генера́льный дире́ктор	기니랄-늬 지렉-따르	대표이사
дире́ктор / нача́льник	지렉-따르 / 나취알-닉	이사, ~장
сотру́дник	싸뜨루-드닉	직원
ме́неджер	메-니쥐르	매니저
секретáрь	씨끄리따-르	비서〈남〉

사무실

о́фис	오-피스	사무실
компью́тер	깜삐유-떼르	컴퓨터
телефо́н	찔리폰-	전화기
со́товый телефо́н	쏘-따븨 찔리폰-	휴대폰
печа́тная маши́на	삐취아-뜨나야 마쉬-나	인쇄기
ска́нер	스까-네르	스캐너
монито́р	마니또-르	모니터
спи́кер	스삐-끼르	스피커
копирова́льный аппара́т	까삐라발-늬 아빠라-트	복사기
факс	팍스	팩스
калькуля́тор	깔꿀랴-따르	계산기
сте́плер	스떼-플레르	스테이플러

но́утбук	노-우뜨북	노트북
при́нтер	쁘린-떼르	프린터
клавиату́ра	끌라비아뚜-라	키보드
но́жницы	노-쥐니찌	가위〈복〉
канцеля́рский нож	깐쯔일랴-르스끼 노쉬	커터칼
ла́стик	라-스찍	지우개
ру́чка	루-취까	볼펜
каранда́ш	까란다-쉬	연필
флома́стер	플라마-스찌르	사인펜
кле́йкая ле́нта	끌레-이까야 렌-따	스카치테이프
фле́шка	플레-쉬까	USB 메모리
бума́га для заме́ток	부마-가 들랴 자메-딱	포스트잇
лине́йка	리녜-이까	자

취미, 스포츠

мю́зикл	뮤-지끌	뮤지컬
о́пера	오-뻬라	오페라
бале́т	발례-트	발레
цирк	쯔이르크	서커스
та́нец	따-니쯔	춤
пе́сня	뻬-스냐	노래
фотогра́фия	파따그라-피야	사진〈여〉
компью́терная игра́	깜쀼-떼르나야 이그라-	컴퓨터 게임
по́иск в интерне́те	뽀-이스크 브 인떼르네-쩨	인터넷 검색
гото́вка	가또-프까	요리
поку́пки	빠꿉-끼	쇼핑〈복〉

관련단어

охо́та	아호–따	사냥
чте́ние	취쪠–니예	독서
рисова́ние	리싸바–니예	그림 그리기
рыба́лка	릐발–까	낚시
коллекциони́рование 깔릭찌아니–라바니예		수집
похо́д за гриба́ми	빠호–트 자 그리바–미	버섯 따기
путеше́ствие	뿌찌쉬예–스뜨비예	여행
похо́д в го́ры	빠호–트 브 고–릐	등산
йога	이오가	요가
спорт	스뽀르뜨	스포츠
футбо́л	푸드볼–	축구
бейсбо́л	비즈볼–	야구
баскетбо́л	바스낏볼–	농구
волейбо́л	발리볼–	배구
гольф	골프	골프
те́ннис	떼–니스	테니스
пинг-по́нг	삥뽕–	탁구
билья́рд	빌랴–르트	당구
хокке́й	하께–이	하키
фигу́рное ката́ние	피구–르나예 까따–니예	피겨 스케이팅
шорт-трек	쉬오르뜨 뜨레크	쇼트트랙
бадминто́н	바드민똔–	배드민턴
пла́вание	쁠라–바니예	수영
ката́ние на лы́жах	까따–니예 나 릐–쥐아흐	스키 타기
похо́д	빠호–트	트레킹
я́хта	야–흐따	요트

병원

боль	볼	통증〈여〉
головна́я боль	갈라브나–야 볼	두통
зубна́я боль	주브나–야 볼	치통
боль в животе́	볼 브 쥐바쩨–	복통
боль в желу́дке	볼 브 쥘루–뜨께	위통
боль в го́рле	볼 브 고–를레	인후통
боль в спине́	볼 프 스삐녜–	허리 통증
просту́да	쁘라스뚜–다	감기
грипп	그립	독감
ка́шель	까–쉴	기침〈남〉
на́сморк	나–스마르크	코감기
температу́ра	찜삐라뚜–라	열
морска́я боле́знь	마르스까–야 발례–즌	멀미
рво́та	르보–따	구토, 구역질
тошнота́	따쉬나따–	메스꺼움
поно́с	빠노–스	설사
запо́р	자뽀–르	변비
диабе́т	지아볘–트	당뇨
рак (злока́чественная о́пухоль)	락 (즐라까–취스뜨빈나야 오–뿌할)	암 (악성 종양)
головокруже́ние	갈라바끄루쥐예–니예	어지러움
аллерги́я	알리르기–야	알러지
ра́на	라–나	부상, 상처
прыщ	쁘리쉬	여드름
кровотече́ние	끄라바찌취예–니예	출혈
ожо́г	아죠–옥	화상

관련단어

кро́вь	끄로-프	피〈여〉
высо́кое давле́ние	븨쏘-까예 다블레-니예	고혈압

은행

банко́вский счёт	방-까프스끼 쉬욧	계좌번호
автомати́ческий платёж	아프따마찌-취스끼 쁠라쬬-쉬	자동이체
вы́писка по ба́нковскому счёту	븨-삐스까 빠 방까프스까무 쉬요뚜	입출금거래내역서
дебето́вая ка́рта	지비또-바야 까-르따	현금카드
креди́тная ка́рта	끄리지-뜨나야 까-르따	신용카드
жиросчёт	쥐로쉬욧	지로계좌
накопи́тельный счёт	나까삐-찔늬 쉬욧	저축계좌
ба́нковский чек	방-까프스끼 취엑	수표
перево́д	삐리봇-	이체
проце́нты	쁘라쩬-띄	이자
расхо́д	라스호-트	지출
дохо́д	다호-트	수입
пополне́ние счёта	빠빨녜-니예 쉬요따	입금
сня́тие средств со счёта	스냐-찌예 스렛스뜨프 싸 쉬요따	출금
депози́т	지빠짓-	예치금
интерне́т-ба́нкинг	인떼르넷- 방-낑	온라인 뱅킹

전화 5장

1. 전화를 걸 때
2. 전화를 받을 때
3. 부재중일 때
4. 말을 전할 때
5. 기타 전화 상황

Russian

1. 전화를 걸 때

주요표현

A : Э́то дом И́ры?
에–따 돔 이–릐

B : Да, кто вы?
다 크또 븨

A : 이라네 집인가요?

B : 네, 누구시죠?

전화 받아요.

Возьми́те тру́бку.
바즈미–쩨 뜨루–프꾸

전화벨이 울려요.

Телефо́н звони́т.
찔리폰– 즈바니–트

누구세요?

Кто э́то?
크또 에–따

미하일과 통화할 수 있나요?

Мо́жно к телефо́ну Миха́йла?
모–쥐나 크 찔리포–누 미하일–라

소피아 있나요?

Мо́жно Со́фию?
모–쥐나 쏘–피유

전데요.

Э́то я.

에-따 야

카를로스 씨와 통화하고 싶은데요.

Могу́ я поговори́ть с Ка́рлосом?

마구- 야 빠가바리-쯔 스 까-를로쌈

10분 후 다시 전화해 주세요.

Перезвони́те че́рез 10(де́сять) мину́т.

삐리즈바니-쩨 취에-리스 지에-씨쯔 미누-트

마리나 씨 계십니까?

Мо́жно Мари́ну?

모-쥐나 마리-누

마리나 씨 부탁합니다.

Позови́те Мари́ну.

빠자비-쩨 마리-누

전화해서 상대방을 바꿔달라고 할 때 그 사람의 이름을 대격으로 써 줍니다.
마리나(여) Мари́на → Мо́жно (к телефо́ну) Мари́ну?
미하일(남) Михаи́л → Позови́те Михаи́ла.

주요표현

A : Позови́те Валенти́ну.
빠자비–쩨 발린찌–누

B : Подожди́те.
빠다쥐지–쩨

A : 발렌티나 씨 부탁합니다.

B : 기다리세요.

막심 씨 좀 바꿔주시겠습니까?

Позови́те, пожа́луйста, Макси́ма.
빠자비–쩨 빠쥐알–스따 막씨–마

잠시만 기다려 주십시오.

Подожди́те мину́тку.
빠다쥐지–쩨 미누–뜨꾸

끊지 말고 기다려 주세요.

Подожди́те, не отключа́йтесь.
빠다쥐지–쩨 니 앗끌류취아–이쩨스

너 전화 왔어.

Твой телефо́н звони́т.
뜨보이 찔리폰– 즈바니–트

막스, 전화 받아.

Макс, отве́ть на звоно́к.
막스 앗베–쯔 나 즈바노–크

바꿔드릴게요.

Передаю́ тру́бку.
삐리다유- 뜨루-프꾸

좀 천천히 말씀해 주세요.

Говори́те поме́дленнее.
가바리-쩨 빠메-들린니예

내일 모임 때문에 전화했어. (화자가 남자일 때)

Я позвони́л по по́воду за́втрашнего собра́ния.
야 빠즈바닐- 빠 뽀-바두 자-프뜨라쉬니바 싸브라-니야

잘 안 들려요.

Не слы́шно.
니 슬릐-쉬나

듣고 있어.

Я слу́шаю.
야 슬루-쉬아유

전화를 걸어 용건을 표현할 때 'по по́воду+생격'을 종종 사용합니다.
по по́воду собра́ния 모임 때문에, 모임 관련해서
по по́воду рабо́ты 업무 때문에, 업무 관련해서

주요표현

A : Мóжно поговори́ть с Софи́ей?
모-쥐나 빠가바리-찌 스 싸피-이

B : Её сейчáс нет.
이요 씨취아-스 녯

A : 소피아 씨와 통화 가능한가요?

B : 지금 부재중입니다.

그녀는 사무실을 막 나갔습니다.

Онá тóлько что вы́шла.

아나- 똘-까 쉬또 븨-쉴라

그는 병가 중입니다.

Он на больни́чном.

온 나 발니-취남

출산 휴가 중입니다.

Онá в декрéтном óтпуске.

아나- 브 데끄례-뜨남 옷-뿌스꼐

그는 지금 회의 중입니다.

Он сейчáс на совещáнии.

온 씨취아-스 나 싸비쉬아-니이

그녀는 휴가 중입니다.

Онá в óтпуске.

아나- 브 옷-뿌스꼐

사장님은 언제 돌아옵니까?

Когда́ вернётся дире́ктор?

까그다- 비르뇨-짜 지롁-따르

그녀와 어떻게 연락할 수 있나요?

Как мо́жно связа́ться с ней?

깍 모-쥐나 스비자-짜 스 녜이

그녀는 지금 연락이 안 됩니다.

Она́ сейча́с не выхо́дит на связь.

아나- 씨취아-스 니 븨호-짓 나 스뱌스

나중에 전화 주세요.

Перезвони́те по́зже.

삐리즈바니-쪠 뽀-쥐에

번호가 어떻게 되세요?

Како́й у вас но́мер телефо́на?

까꼬-이 우 바스 노-미르 찔리포-나

그는 집에 안 계십니다.

Его́ нет до́ма.

이보- 녯 도-마

그는 퇴근했습니다.

Он ушёл домо́й.

온 우쉬욜 다모-이

주요표현

A : Её сейча́с нет на ме́сте.
이요 씨취아–스 녯 나 메–스쩨

B : Я оста́влю сообще́ние.
야 아스따–블류 싸아브쉬예–니예

A : 그녀는 지금 자리에 안 계신데요.

B : 메시지를 남기겠습니다.

메시지를 남기시겠습니까?

Вы хоти́те оста́вить сообще́ние?
븨 하찌–쩨 아스따–비쯔 싸아브쉬예–니예

누구시죠?

Кто говори́т?
크또 가바릿–

말씀하세요.

Я слу́шаю вас.
야 슬루–쉬아유 바스

안드레이 씨가 전화했어요.

Звони́л Андре́й.
즈바닐– 안드례–이

제가 나중에 전화할게요.

Я перезвоню́ по́зже.
야 삐리즈바뉴– 뽀–쥐에

저에게 전화해 달라고 전해 주세요. (전달받을 사람이 남자일 때)

Передáйте, чтóбы перезвонúл мне.

빼리다-이쩨 쉬또-븨 빼리즈바닐- 므녜

잘못 거셨습니다.

Вы ошúблись нóмером.

븨 아쉬-블리스 노-미람

오늘 늦을 거라고 전해 줘.

Передáй, что сегóдня я бýду пóздно.

빼리다-이 쉬또 씨보-드냐 야 부-두 뽀-즈나

나 기다리지 말라고 전해 줘. (전달받을 사람이 여자일 때)

Передáй, чтóбы не ждалá меня́.

빼리다-이 쉬또-븨 니 쥐달라- 미냐-

나중에 전화 주세요.

Перезвонúте пóзже.

빼리즈바니-쩨 뽀-쥐에

주요표현

A : По какóму нóмеру вы звони́те?
빠 까꼬-무 노-미루 븨 즈바니-쩨

B : Извини́те. Я не тудá попáл.
이즈비니-쩨 야 니 뚜다- 빠빨-

A : 몇 번에 거셨어요?

B : 죄송해요. 잘못 걸었어요. (화자가 남자일 때)

잘 안 들리네요.

Плóхо слы́шно.

뿔로-하 슬릐-쉬나

더 크게 말해 주세요.

Говори́те грóмче.

가바리-쩨 그롬-취예

다시 한번 말씀해 주시겠습니까?

Повтори́те ещё раз.

빠프따리-쩨 이쉬요 라스

끊지 말고 기다려 주세요.

Не клади́те трýбку.

니 끌라지-쩨 뜨룹-꾸

나중에 문자할게요.

Я потóм отпрáвлю сообщéние.

야 빠똠- 앗쁘라-블류 싸아브쉬예-니예

철자를 말씀해 주시겠어요?

Произнеси́те по бу́квам.

쁘라이즈니씨-쩨 빠 부-끄밤

전화해 주셔서 감사합니다.

Спаси́бо, что позвони́ли.

스빠씨-바 쉬또 빠즈바닐-리

언제 다시 전화드리면 될까요?

Когда́ я могу́ перезвони́ть?

까그다- 야 마구- 삐리즈바니-쯔

전화를 끊어야겠네요.

Не могу́ говори́ть.

니 마구 가바리-쯔

메세지 잘 받았어요. (화자가 남자일 때)

Я получи́л сообще́ние.

야 빨루췰- 싸아브쉬예니예

전화 상태가 안 좋습니다.

Плоха́я связь.

쁠라하-야 스뱌스

전화 회선에 장애가 있습니다.

Пробле́ма на телефо́нной ли́нии.

쁘라블레-마 나 찔리폰-나이 리-니이

관련단어

전화, 휴대폰

междугоро́дний звоно́к 미쥐두가로-드니 즈바녹-		장거리 전화
код регио́на	꼿 리기오-나	지역번호
телефо́нная ка́рточка 찔리폰-나야 까-르따취까		전화카드
телефо́нная бу́дка	찔리폰-나야 붓-까	공중전화박스
автоотве́тчик	아프따앗벳-칙	자동응답기
со́цсе́ти	쏘-쯔쎄-찌	소셜 네트웍
со́товый телефо́н	쏘-따븨 찔리폰-	휴대폰
смартфо́н	스마르뜨폰-	스마트폰
батаре́йка	바따례-이까	배터리
заря́дное устро́йство 자랴-드나예 우스뜨로-이스뜨바		배터리 충전기

초대 · 방문 · 축하 6장

주요표현

A : Как у вас со вре́менем в э́ту суббо́ту?
까크 우 바스 싸 브레-미님 브 에-뚜 쑤보-뚜

B : Норма́льно. А что?
나르말-나 아 쉬또

A : 이번 주 토요일에 시간 되세요?

B : 괜찮아요. 무슨 일인데요?

우리 집에 초대하고 싶어요.

Хочу́ пригласи́ть вас к нам домо́й.
하취우- 쁘리글라씨-쯔 바스 크 남 다모-이

제 생일 파티에 당신을 초대합니다.

Приглаша́ю вас на свой день рожде́ния.
쁘리글라쉬아-유 바스 나 스보이 젠 라쥐제-니야

저희는 토요일에 파티를 하려고 합니다.

Мы собира́емся устро́ить вечери́нку в суббо́ту.
믜 싸비라-임쌰 우스뜨로-이쯔 비취린-꾸 프 쑤보-뚜

초대 감사합니다.

Спаси́бо за приглаше́ние.
스빠씨-바 자 쁘리글라쉬예-니예

남편과 함께 와주세요.

Приходи́те вме́сте с супру́гом.
쁘리하지-쪠 브메-스쪠 스 쑤쁘루-감

꼭 가겠습니다.

Обяза́тельно придём.
아비자–찔나 쁘리죰–

파티가 몇 시에 시작하나요?

Во ско́лько начина́ется вечери́нка?
바 스꼴–까 나취나–이쨔 비취린–까

토요일 저녁 6시에요.

В суббо́ту в 6(шесть) часо́в ве́чера.
프 쑤보–뚜 프 쉬에스쯔 취쏘–프 볘–취라

도와드릴까요?

Вам помо́чь?
밤 빠모–취

아닙니다, 참석만 해 주세요.

Нет, про́сто приходи́те.
녜트 쁘로–스따 쁘리하지–쪠

손님을 초대하거나 초대에 응할 때는 '오다'라는 приходи́ть를 사용하지만, 이미 문 앞에 있거나 같은 공간에 위치한 사람에게 이쪽으로 오라는 말을 할 때는 проходи́ть를 사용합니다.

주요표현

A : Извини́те за опозда́ние.
이즈비니–쪠 자 아빠즈다–니예

B : Ничего́ стра́шного.
니취보– 스뜨라–쉬나바

A : 늦어서 미안합니다.

B : 괜찮습니다.

초대해 주셔서 감사합니다.

Спаси́бо, что пригласи́ли.

스빠씨–바 쉬또 쁘리글라씰–리

와줘서 정말 기뻐요. (화자가 여자일 때)

О́чень ра́да, что вы пришли́.

오–췬 라–다 쉬또 븨 쁘리쉴리–

오래 기다리게 했습니다. (화자가 남자일 때)

Я заста́вил вас ждать.

야 자스따–빌 바즈 쥐다쯔

아닙니다, 제일 먼저 오셨습니다. (상대방이 남자일 때)

Нет, вы пришли́ пе́рвым.

녜트 븨 쁘리쉴리– 뼤–르브임

외투 받아드릴까요?

Да́йте ва́ше пальто́.

다–이졔 바–쉬예 빨또–

작은 선물입니다.

Небольшо́й пода́рок.

니발쉬오–이 빠다–라크

감사합니다. 이건 제가 꼭 원했던 것입니다. (화자가 남자일 때)

Спаси́бо. Я как раз мечта́л об э́том.

스빠씨–바 야 까크 라스 미취딸– 아브 에–땀

이리 앉으세요.

Сади́тесь сюда́, пожа́луйста.

싸지–찌스 쓔다– 빠쥐알–쓰따

내 집이다 생각하세요.

Бу́дьте, как до́ма.

붓–쩨 까크 도–마

아이들은 잘 있습니까?

Как ва́ши де́ти?

까크 바–쉬 졔–찌

처음으로 온 사람이 남자이면 пе́рвым, 여자이면 пе́рвой를 씁니다.
Ты пришла́ пе́рвой. 네가(여) 제일 먼저 왔어.

3. 손님을 맞이할 때

주요표현

A : Приве́т, я пришла́.
뻬리볫– 야 뻬리쉴라–

B : Здо́рово, что ты пришла́.
즈도–라바 쉬또 띄 뻬리쉴라–

A : 안녕, 나 왔어. (화자가 여자일 때)

B : 와줘서 너무 좋다! (상대방이 여자일 때)

우리 집에 온 걸 환영합니다! (화자가 남자일 때)

Рад ви́деть вас у себя́ до́ма!
랏 비–지쯔 바스 우 씨뱌– 도–마

다시 뵙게 되어 반갑습니다.

Прия́тно вновь уви́деться.
뻬리야–뜨나 브노프 우비–지짜

이쪽으로 오십시오.

Проходи́те сюда́.
뻬라하지–쩨 쓔다–

집이 정말 예뻐요!

Како́й у вас краси́вый дом!
까꼬–이 우 바스 끄라씨–븨 돔

외투는 어디에 두면 되나요?

Куда́ пове́сить пальто́?
꾸다– 빠베–씨쯔 빨또–

저기 작은 방에 두시면 됩니다.

Оста́вьте в той ма́ленькой ко́мнате.

아스따프쩨 프 또이 말-린까이 꼼-나쩨

당신을 위한 선물을 가져왔어요. (화자가 남자일 때)

Я принёс для вас пода́рок.

야 쁘리뇨-스 들랴 바스 빠다-락

고마워요. 뭔가요?

Спаси́бо. Что э́то?

스빠씨-바 쉬또 에-따

꽃을 가져왔어요.

Э́то цветы́.

에-따 쯔비띠-

여기 앉으세요.

Сади́тесь сюда́.

싸지-찌스 쓔다-

주요표현

A : Прия́тного аппети́та.
뻐리야-뜨나바 아뻬찌-따

B : Спаси́бо.
스빠씨-바

A : 많이 드세요. / 맛있게 드세요.

B : 감사합니다.

건배! 우리의 건강을 위하여!

За здоро́вье всех прису́тствующих!
자 즈다로-볘 프셰흐 쁘리쑷-스뜨부유쉬흐

이 음식 맛있겠군요.

Вы́глядит аппети́тно.
븨-글리지트 아삐지-뜨나

그거 조금만 주시겠어요?

Мо́жете положи́ть мне немно́го э́того?
모-쥐쪠 빨라쥐-쯔 므녜 님노-가 에-따바

냅킨 좀 주세요.

Пожа́луйста, да́йте салфе́тки.
빠쥐알-스따 다-이쪠 쌀폐-뜨끼

요리 솜씨가 좋으시네요.

Вы отли́чно гото́вите.
븨 아뜰리-취나 가또-비쪠

내가 제일 좋아하는 겁니다.

Э́то я люблю́ бо́льше всего́.

에-따 야 류블류- 볼-쉬예 프씨보-

매운 음식을 좋아합니다.

Я люблю́ о́строе.

야 류블류- 오-스뜨라예

이거 어떻게 먹어요?

Как э́то есть?

까크 에-따 예스쯔

저는 아무거나 잘 먹습니다. (화자가 남자일 때)

Я не капри́зен в еде́.

야 니 까쁘리-진 브 이졔-

먹어 보겠습니다.

Я попро́бую.

야 빠쁘로-부유

누군가의 무엇을 '위하여'를 의미하는 전치사는 для이지만, 건배나 응원에서는 '위하여'를 말할 때는 전치사 'за+대격'을 씁니다. прису́тствующий는 참석자를 뜻하며 형용사 변화를 합니다.

все прису́тствующие 여기 있는 모든 사람

за здоро́вье всех прису́тствующих 여기 있는 모든 사람의 건강을 위해

주요표현

A : Мне порá.
므녜 빠라–

B : Счастли́во.
쉬슬리–바

A : 이만 가보겠습니다.

B : 살펴 가십시오.

시간이 늦었습니다.

Ужé пóздно.

우쥐예– 뽀–즈나

이제 가야겠습니다.

Мне порá.

므녜 빠라–

좀 더 있다 가세요.

Побу́дьте ещё немнóго.

빠붓–쩨 이쉬요– 님노–가

페이스북으로 연락해 주세요.

Свя́жемся чéрез фейсбу́к.

스뱌–쥠쌰 취예–리스 페이스부–크

식사 준비해 주셔서 감사합니다.

Спаси́бо за угощéние.

스빠씨–바 자 우가쉬예–니예

조만간 다시 뵙기 바랍니다.

До ско́рой встре́чи.

다 스꼬-라이 프스뜨례-취

역까지 안내해 드리겠습니다.

Я провожу́ вас до ста́нции.

야 쁘라바쥐우- 바즈 다 스딴-찌이

운전 조심하세요.

Бу́дьте осторо́жны за рулём.

붓-쩨 아스따로-쥐늬 자 룰룜-

언제든 들르세요.

Приходи́те в любо́е вре́мя.

쁘리하지-쩨 브 류보-예 브례-먀

부모님께 안부 전해 주세요.

Переда́йте приве́т роди́телям.

삐리다-이쩨 쁘리베-트 라지-찔림

счастли́во라는 단어는 '행복하게'라는 부사이지만 헤어질 때 인사로 사용하면 '안녕히 가세요, 잘 지내요'라는 의미로 통용됩니다. 발음상으로 стл에서 т가 묵음이고 сча는 щи로 발음됩니다.

주요표현

A : С Но́вым го́дом!
스 노-븸 고-담

B : Вас та́кже.
바스 따-그쥐예

A : 새해 복 많이 받으세요.

B : 당신도요.

메리 크리스마스!

С Рождество́м!
스 라쥐지스뜨봄-

해피 발렌타인!

Счастли́вого дня Свято́го Валенти́на!
쉬이슬리-바바 드냐 스비또-바 발린찌-나

생일 축하해요!

С днём рожде́ния!
즈 드놈- 라쥐졔-니야

축하해요! (주어; 나)

Поздравля́ю!
빠즈드라블랴-유

명절 축하해요! (주어; 우리)

Поздравля́ем с пра́здником!
빠즈드라블랴-임 스 쁘라-즈니깜

기념일 축하해요! (주어; 우리)

Поздравля́ем с па́мятной да́той!

빠즈드라블랴–임 스 빠–미뜨나이 다–따이

신의 가호가 있기를!

Бо́жьего благослове́ния!

보–쥐이바 블라가슬라베–니야

행운이 있기를!

Уда́чи!

우다–취이

정말 잘됐네요!

Как здо́рово получи́лось!

까크 즈도–라바 빨루취일–라스

당신이 잘돼서 기뻐요. (화자가 여자일 때)

Ра́да, что у вас всё получи́лось.

라–다 쉬또 우 바스 프쑈– 빨루취일–라스

기원하는 내용은 생격으로 표현하고, 축하하는 내용은 с 조격으로 표현합니다.

주요표현

A : Желáю счáстья в нóвом годý!
쥘라–유 쉬아스찌야 브 노–밤 가두–

B : Желáю исполнéния всех желáний в нóвом годý!
쥘라–유 이스빨녜–니야 프셰흐 쥘라–니 브 노–밤 가두–

A : 새해 복 많이 받으세요.

B : 새해에는 모든 일이 뜻하시는 대로 되길!

새해에는 더욱 건강하시기 바랍니다.

Желáю крéпкого здорóвья в нóвом годý.
쥘라–유 끄렙–까바 즈다로–비야 브 노–밤 가두–

새해에는 생각하시는 일이 잘되기를 바랍니다.

Желáю достижéния всех цéлей в нóвом годý!
쥘라–유 다스찌쥐에–니야 프셰흐 쩰–리 브 노–밤 가두–

행복한 한 해 되기를 기원합니다.

Желáю счастли́вого нóвого гóда.
쥘라–유 쉬슬리–바바 노–바바 고–다

신께서 너를 축복하시길!

Желáю бóжьего благословéния.
쥘라–유 보–쥐바 블라가슬라베–니야

오늘이 특별하고 멋진 하루가 되기를!

Желáю прекрáсного осóбенного дня!
쥘라–유 쁘리끄라–스나바 아쏘빈나바 드냐

올해는 우리에게 기쁜 일만 가득했으면 좋겠다.

Хóчется, чтóбы в э́том годý у нас бы́ли тóлько
호–취짜 쉬또–븨 브 에–땀 가두– 우 나스 브일–리 똘–까

рáдостные собы́тия.
라–다스늬예 싸븨–찌야

당신의 가정에 영원히 행복이 있기를!

Желáю вáшей семьé нескончáемого счáстья!
쥘라–유 바–쉬 씸예– 니스깐취아–이마바 쉬아–스찌야

바라는 바 뜻대로 이루시길 바랍니다.

Желáю исполнéния всех желáний.
쥘라–유 이스빨녜–니야 프쎼흐 쥘라–니이

잊지 못할 기념일 보내세요.

Желáю провести́ незабывáемый прáздник.
쥘라–유 쁘라비스찌– 니자븨바–이믜 쁘라–즈닉

오늘은 너의 날이야.

Сегóдня твой день.
씨보–드냐 뜨보이 젠

관련단어

주요 형용사

большóй	발쉬오-이	큰
мáленький	말-린끼	작은
широ́кий	쉬로-끼	넓은
у́зкий	우-스끼	좁은
далёкий	달료-끼	먼
бли́зкий	블리-스끼	가까운
дли́нный	들린-늬	긴
корóткий	까로-뜨끼	짧은
высóкий	븨쏘-끼	키가 큰, 높은
ни́зкий	니-스끼	키가 작은, 낮은
краси́вый	끄라씨-븨	예쁜
урóдливый	우로-들리븨	못생긴
хорóший	하로-쉬이	좋은
плохóй	쁠라호-이	나쁜
нóвый	노-븨	새로운
стáрый	스따-릐	오래된
дорогóй	다라고-이	비싼
дешёвый	지쉬요-븨	싼
стáрый	스따-릐	늙은
молодóй	말라도-이	젊은
тяжёлый	찌쥐욜-릐	무거운
лёгкий	료-흐끼	가벼운
тóлстый	똘-스띄	두꺼운
тóнкий	똔-끼	얇은
си́льный	씰-늬	강한
слáбый	슬라-븨	약한

7장

쇼핑 • 식사

1. 물건을 고를 때
2. 옷가게에서
3. 가격 흥정하기
4. 물건 값 계산하기
5. 교환, 반품
6. 음식점에서
7. 음식 주문하기 1
8. 음식 주문하기 2
9. 맛에 대한 표현
10. 술을 마실 때
11. 식사 시의 기타 요청
12. 식사비 계산하기

1. 물건을 고를 때

주요표현

A : Покажи́те друго́й цвет.
빠까쥐–쩨 드루고–이 쯔벳

B : Друго́го нет.
드루고–바 녜트

A : 다른 색을 보여주세요.

B : 다른 건 없습니다.

이것 좀 보여주시겠어요?

Покажи́те э́то, пожа́луйста.
빠까쥐–쩨 에–따 빠쥐알–스따

다른 걸 보고 싶은데요. (화자가 여자일 때)

Хоте́ла бы взгляну́ть на друго́е.
하쩰–라 븨 브즈글랴누–쯔 나 드루고–예

저 넥타이를 보여주세요.

Покажи́те вон тот га́лстук.
빠까쥐–쩨 본 똣 갈–스뚝

다른 사이즈 있나요?

Есть друго́й разме́р?
예스쯔 드루고–이 라즈메–르

더 화려한 것은 없나요?

Есть ли что́-то необы́чное?
예스쯔 리 쉬또–따 니아븨–취나예

수수한 것을 원합니다.

Я ищу́ что́-то просто́е.

야 이쉬우– 쉬또–따 쁘라스또–예

같은 거 주세요.

Да́йте то же са́мое.

다–이쩨 또 줴 싸–마예

이거 다른 색으로는 없어요?

Нет ли э́того, но друго́го цве́та?

녯 리 에–따바 노 드루고–바 쯔베–따

이게 제일 잘 팔립니다.

Э́то наибо́лее ходово́й това́р.

에–따 나이볼–리예 하다보–이 따바–르

다 팔렸습니다.

Всё продало́сь.

프쑈– 쁘라달로–스

불티나게 팔립니다.

Раскупа́ется как горя́чие пирожки́.

라스꾸빠–이짜 깍 가랴–취예 삐라쉬끼–

그 셔츠는 100% 면인가요?

Э́та руба́шка из 100%(сто́проце́нтного) хло́пка?

에–따 루바–쉬까 이스 스또쁘라쩬–뜨나바 흘로–프까

주요표현

A : Примéрьте э́то.
뻐리메–르쩨 에–따

B : Мнé идёт.
므녜– 이죳–

A : 이걸 입어보세요.

B : 저한테 잘 맞네요.

그냥 구경하고 있어요.

Я прóсто смотрю́.

야 쁘로–스따 스마뜨류–

이거 입어봐도 됩니까?

Мóжно примéрить э́то?

모–쥐나 쁘리메–리쯔 에–따

만져봐도 되나요?

Мóжно потрóгать?

모–쥐나 빠뜨로–가쯔

탈의실은 어디인가요?

Где примéрочная?

그제 쁘리메–라취나야

저 끝에 있어요.

В концé зáла.

프 깐쩨– 잘–라

나한테 어울려?

Идёт мне?
이죳- 므녜

너한테 정말 잘 어울려.

Тебé прáвда óчень идёт.
찌볘- 쁘라-브다 오-췬 이죳-

너무 작아요. 더 큰 사이즈는 없나요?

Слúшком тéсно. Нет ли размéра побóльше?
슬리-쉬깜 쪠-스나 녯 리 라즈몌-라 빠볼-쉬에

좀 커요. 더 작은 사이즈는 없나요?

Великовáто. Нет ли размéра помéньше?
빌리까바-따 녯 리 라즈몌-라 빠몐-쉬에

이 색이 마음에 안 들어요.

Мне не нрáвится э́тот цвет.
므녜 니 느라-비짜 에-땃 쯔볫

어떤 물건이 어울린다고 할 때는 동사 идти와 여격을 씁니다.
Тебé идёт э́тот цвет. 너한테 이 색깔이 어울려.
Вам идýт э́ти часы́. 당신에게 이 시계가 어울립니다.

3. 가격 흥정하기

주요표현

A : Ско́лько сто́ит?
스꼴-까 스또-잇

B : 40(со́рок) рубле́й.
쏘-락 루블례-이

A : 이거 얼마입니까?

B : 40루블입니다.

얼마인가요?

Почём?
빠취욤-

가격이 어떻게 되죠?

В каку́ю це́ну?
프 까꾸-유 쩨-누

이 물건은 세일 중입니까?

На э́тот това́р ски́дка?
나 에-땃 따바-르 스낏-까

세일은 언제까지입니까?

До како́го числа́ ски́дка?
다 까꼬-바 취슬라- 스낏-까

30달러입니다.

30(три́дцать) до́лларов.
뜨리-짜쯔 돌-라라프

전부 해서 50달러입니다.

50(пятьдеся́т) до́лларов за всё.
삣지샤–　　　돌–라라프　　자　프쑈–

가격에 세금이 포함되어 있습니까?

В сто́имость включён нало́г?
프 스또–임마스쯔　프끌류취욘–　날록–

세금은 10퍼센트입니다.

Нало́г 10(де́сять) проце́нтов.
날록–　　제–씨쯔　　　뻐라쩬–따프

세금 포함해서 25달러입니다.

25(два́дцать пять) до́лларов, включа́я нало́г.
드바–짜쯔 빠쯔　　　돌–라라프　　프끌류취아–야 날록–

카드 여기 있습니다.

Вот ка́рта.
봇　까–르따

카드를 의미하는 ка́рта는 지도라는 의미도 가지고 있습니다.
креди́тная ка́рта 신용카드
дебето́вая ка́рта 직불카드
ка́рта Росси́и 러시아 지도

주요표현

A : Сде́лайте ски́дку.
즈젤-라이쩨 스낏-꾸

B : Хорошо́. Я ски́ну на 5(пять) проце́нтов.
하라쉬오- 야 스끼-누 나 빠쯔 쁘라쩬-따프

A : 싸게 해주시겠습니까?

B : 좋아요. 5퍼센트 깎아드리겠습니다.

세일 가격입니다.

Э́то цена́ со ски́дкой.

에-따 찌나- 싸 스낏-까이

조금 비싸네요. 더 싼 것 없습니까?

Дорогова́то. Нет ли подеше́вле?

다라가바-따 녯 리 빠지쉬에-블례

무엇을 찾으세요?

Что вы и́щете?

쉬도 븨 이-쉬쩨

할인받을 수 있습니까?

Могу́ ли я получи́ть ски́дку?

마구- 리 야 빨루취-쯔 스낏-꾸

이거 살 여력이 안 되네요.

Э́то мне не по карма́ну.

에-따 므녜 니 빠 까르마-누

돈이 모자라요.

Мне не хвата́ет сре́дств.

므녜 니 흐바따–잇 스롓–스뜨프

이게 최저가입니다.

Са́мая ни́зкая сто́имость.

싸–마야 니–스까야 스또–이마스쯔

20%까지 할인해 드리겠습니다.

Сде́лаю ски́дку на 20(два́дцать) проце́нтов.

즈젤–라유 스낏–꾸 나 드바–짜쯔 쁘라쩬–따프

다른 디자인 있나요?

Есть друго́й диза́йн?

예스쯔 드루고–이 지자–인

다시 올게요.

Приду́ ещё.

쁘리두– 이쉬요–

비교급 앞에 по를 붙이면 '약간, 조금'이라는 뜻이 됩니다.

подеше́вле 조금 더 싼

побо́льше 조금 더 큰

поме́ньше 조금 더 작은

5. 교환, 반품

주요표현

A : Чем я могу́ помо́чь?
취옘 야 마구– 빠모–취

B : Я хочу́ поменя́ть э́ту ка́меру.
야 하취우 빠미냐–쯔 에–뚜 까–미루

A : 무엇을 도와드릴까요?

B : 이 카메라를 교환하고 싶습니다.

이것을 교환해 주시겠습니까?

Мо́жете э́то поменя́ть?

모–쥐쩨 에–따 빠미냐–쯔

이것은 제게 안 맞습니다.

Э́то мне не подхо́дит.

에–따 므녜 니 빳호–짓

이것은 제 치수가 아닙니다.

Э́то не мой разме́р.

에–따 니 모이 라즈메–르

다른 사이즈로 바꿔주세요.

Поменя́йте на друго́й разме́р.

빠미냐–이쩨 나 드루고–이 라즈메–르

이것은 고장났습니다.

Э́то слома́лось.

에–따 슬라말–라스

수리해 주세요.

Почини́те, пожа́луйста.
빠취니–쩨 빠쥐알–스따

반품하고 싶습니다.

Я хочу́ сде́лать возвра́т.
야 하취우 즈젤–라쯔 바즈브랏–

환불받고 싶습니다.

Я хочу́ получи́ть обра́тно де́ньги.
야 하취우 빨루취–쯔 아브라–뜨나 젠–기

환불해 주세요.

Офо́рмите возвра́т.
아포–르미쩨 바즈브랏–

보증서 있습니까?

У вас есть гаранти́йный тало́н?
우 바스 예스쯔 가란찌–늬 딸론–

영수증 가져오셨어요?

Вы принесли́ чек?
븨 쁘리니슬리– 취옉

영수증이 여기 있습니다.

Вот чек.
봇 취옉

주요표현

A : Я заброни́рую сто́лик на обе́д.
야 자브라니–루유 스똘–릭 나 아벳–

B : На ско́лько челове́к?
나 스꼴–까 췰라벡–

A : 점심 식사 예약하겠습니다.

B : 몇 분이세요?

안드레이 이름으로 예약했습니다. (화자가 남자일 때)

Я заброни́ровал на и́мя Андре́я.
야 자브라니–라발 나 이–먀 안드례–야

확인해 주세요.

Прове́рьте, пожа́луйста.
쁘라볘–르쩨 빠쥐알–스따

예약 확인되었습니다.

Бронь подтверждена́.
브론 빳뜨비르쥐지나–

예약을 안 하셨습니다.

Вы не сде́лали бронь.
븨 니 즈젤–랄리 브론

몇 분으로 예약하셨죠?

На ско́лько челове́к вы заброни́ровали?
나 스꼴–까 췰라벡– 븨 자브라니–라발리

5인용 자리 부탁합니다.

Пожáлуйста, подготóвьте стóлик на 5(пять) человéк.

빠쥐알-스따 빠드가또-프쩨 스똘-릭 나 빠쯔 칠라벡-

창가 테이블을 원합니다.

Я хочý стóлик вóзле окнá.

야 하추- 스똘-릭 보-즐례 아크나-

저 테이블은 예약석입니다.

Тот стол зарезерви́рован.

뜻 스똘 자리지르비-라반

여기서 기다려 주시겠습니까?

Пожáлуйста, подожди́те тут.

빠쥐알-스따 바다쥐지-쩨 뚜트

저희가 얼마나 기다려야 합니까?

Скóлько нам ждáть?

스꼴-까 남 쥐다-쯔

오래 기다리셨습니다. 이쪽으로 오세요.

Извини́те за дóлгое ожидáние. Проходи́те сюдá.

이즈비니-쩨 자 돌-가예 아쥐다-니예 쁘라하지-쩨 쓔다-

주요표현

A : Что бу́дете зака́зывать?
쉬또 부–지쩨 자까–즤바쯔

B : Я закажу́ стейк.
야 자까쥐우– 스떼이크

A : 무엇을 드시겠습니까?

B : 스테이크를 먹겠습니다.

주문하시겠습니까?

Гото́вы сде́лать зака́з?
가또–븨 즈젤–라쯔 자까–스

메뉴 좀 주세요.

Принеси́те, пожа́луйста, меню́.
쁘리니씨–쩨 빠쥐알–스따 미뉴–

저희가 준비되면 부르겠습니다.

Мы позовём вас, как бу́дем гото́вы.
믜 빠자뵴– 바스 깍 부–짐 가또–븨

제게 어떤 요리를 추천해 주시겠어요?

Како́е блю́до вы бы мне порекомендова́ли?
까꼬–예 블류–다 븨 븨 므녜 빠리까민다발–리

스테이크는 어떻게 드시겠습니까?

Како́й прожа́рки вам стейк?
까꼬–이 쁘라좌–르끼 밤 스떼이크

미디엄으로 주세요.

Мне стейк сре́дней прожа́рки.
므녜 스떼이크 스례-드니 쁘라좌-르끼

웰던으로 주세요.

Мне стейк си́льной прожа́рки.
므녜 스떼이크 씰-나이 쁘라좌-르끼

레어로 주세요.

Мне стейк сла́бой прожа́рки.
므녜 스떼이크 슬라-바이 쁘라좌-르끼

뭐 더 필요하신 것 있나요?

Что-нибу́дь ещё?
쉬또 니붓- 이쉬요-

이걸로 주세요.

Я бу́ду э́то.
야 부-두 에-따

저도 같은 걸로 주세요.

Мне то же са́мое.
므녜 또 줴 싸-마예

오늘의 특별 요리는 샤슬릭입니다.

Сего́дня в осо́бом меню́ шашлы́к.
씨보-드냐 브 아쏘-밤 미뉴- 쉬아쉴리-크

---

8. 음식 주문하기 2

주요표현

A : Сде́лаете зака́з?
즈젤-라이쩨 자까-스

B : Мне оди́н га́мбургер, пожа́луйста.
므녜 아진- 감-부르기르 빠쥐알-스따

A : 주문하시겠습니까?

B : 햄버거 하나 주세요.

다음 분이요.

Сле́дующий, пожа́луйста.
슬레-두유쉬 빠쥐알-스따

치즈버거 하나, 콜라 둘 부탁합니다.

Да́йте, пожа́луйста, оди́н чи́збургер и 2(две) ко́лы.
다-이쩨 빠쥐알-스따 아진- 취-즈부르기르 이 드베 꼴-리

피자 중간 사이즈로 하나 부탁합니다.

Да́йте одну́ пи́ццу сре́днего разме́ра.
다-이쩨 아드누- 삐-쭈 스례-드니바 라즈몌-라

여기서 드실 건가요, 가져가실 건가요?

Вы тут бу́дете ку́шать и́ли заберёте с собо́й?
븨 뜻 부-지쩨 꾸-쉬아쯔 일-리 자비료-쩨 스 싸보-이

가져가겠습니다.

Заберу́ с собо́й.
자비루- 스 싸보-이

오렌지 주스 주세요.

Мне апельси́новый сок, пожа́луйста.

므녜 아삘씨-나븨 쏙 빠쥐알-스따

얼음도 같이 주세요.

Да́йте вме́сте со льдо́м.

다-이쩨 브메-스쩨 싸 르돔-

수저 하나 더 주시겠어요?

Да́йте ещё одну́ ло́жку, пожа́луйста.

다-이쩨 이쉬요- 아드누- 로-쉬꾸 빠쥐알-스따

사이다 한 잔 주세요.

Да́йте 1(оди́н) стака́н са́йды.

다-이쩨 아진- 스따깐- 싸-이듸

탄산수 있나요?

У вас есть газиро́ванная вода́?

우 바스 예스쯔 가지로-반나야 바다-

'여기서 드실 건가요, 가져가실 건가요?'라는 표현을 줄여서 Здесь и́ли с собо́й?라고 합니다. 매장에서 먹을 거라면 Здесь라고 하고, 포장한다면 С собо́й라고 간단히 표현할 수 있습니다. здесь와 тут은 같은 뜻입니다.

주요표현

A : Вку́сно?
프꾸–스나

B : Да, о́чень вку́сно.
다 오–췬 프꾸–스나

A : 맛있어요?

B : 네, 정말 맛있어요.

많이 먹었습니다. (화자가 남자일 때)

Я нае́лся.
야 나옐–쌰

매우 달아요.

О́чень сла́дко.
오–췬 슬라–뜨까

입에서 그냥 녹네요.

Про́сто та́ет во рту.
프로–스따 따–이트 바 르뚜

냄새가 너무 좋아요.

Арома́т про́сто сво́дит с ума́.
아라마–트 쁘로–스따 스보–지트 스 우마–

이국적인 맛이에요.

Необы́чный вкус.
니아븨–취늬 프꾸스

조금 맵네요.

Островáто.

아스뜨라바-따

조금 짜요.

Соленовáто.

쌀리나바-따

좀 싱겁습니다.

Пресновáто.

쁘리스나바-따

너무 시군요.

Чересчýр кúсло.

취리쉬우-르 끼-슬라

기름져요.

Жúрно.

쥐-르나

свод́ить с умá는 '정신을 쏙 빼놓는다, 미치게 만든다'는 뜻으로 좋은 의미로도 나쁜 의미로도 쓰일 수 있습니다.

Менá э́то прóсто свóдит с умá. 나 이것 때문에 미치겠어.

10. 술을 마실 때

주요표현

A : Дава́йте по кру́жке пи́ва.
다바-이쩨 빠 끄루-쉬께 삐-바

B : Дава́йте.
다바-이쩨

A : 맥주 한잔 해요.

B : 그러지요.

한잔 사겠습니다.

Я угощу́ вас вы́пивкой.
야 우가쉬우- 바스 븨-삐프까이

건배!

За нас!
자 나스

우리를 위해 건배합시다!

Дава́йте вы́пьем за нас!
다바-이쩨 븨-삐임 자 나스

우리의 우정을 위하여!

За на́шу дру́жбу!
자 나-쉬우 드루-쥐부

많이 못 마셔요.

Я мно́го не пью.
야 므노-가 니 삐유

제가 따라 드리겠습니다.

Я налью́ вам.

야 날리유-　　밤

좀 더 마시겠습니까?

Вы́пьте ещё?

븨-삐쩨　　이쉬요-

한잔 더 마셔요.

Дава́йте налью́ вам ещё.

다바-이쩨　　날리유-　　밤　　이쉬요-

아니요, 충분히 마셨어요.

Нет. Мне доста́точно.

녯　　므녜　　다스따-따취나

저는 이제 취했습니다. (화자가 여자일 때)

Я немно́го опьяне́ла.

야 님노-가　　아삐녤-라

컵을 보통 стака́н이라고 하지만, стака́н은 손잡이 없는 유리컵을 말하고, 일반적인 머그컵이나 맥주컵은 кру́жка, 찻잔은 ча́шка라고 합니다.

11. 식사 시의 기타 요청

주요표현

A : Я ещё не получи́ла свой зака́з.
야 이쉬요– 니 빨루췰–라 스보이 자까–스

B : Подожди́те немно́го.
빠다쥐지–쩨 님노–가

A : 주문한 게 아직 안 나왔어요. (화자가 여자일 때)

B : 잠시만 기다려 주세요.

이건 제가 주문한 게 아닌데요.

Э́то не мой зака́з.
에–따 니 모이 자까–스

이 스푼이 지저분합니다.

Э́та ло́жка гря́зная.
에–따 로–쉬까 그랴–즈나야

다른 수저가 필요해요.

Да́йте другу́ю ло́жку.
다–이쩨 드루구–유 로–쉬꾸

포크를 떨어뜨렸습니다. (화자가 남자일 때)

Я урони́л ви́лку.
야 우라닐– 빌–꾸

접시 하나 가져다 주세요.

Принеси́те одну́ таре́лку, пожа́луйста.
쁘리니씨–쩨 아드누– 따렐–꾸 빠좌알–스따

냅킨 좀 더 주세요.

Принеси́те салфе́тки, пожа́луйста.

쁘리니씨–쩨 쌀폐–뜨끼 빠쥐알–스따

이걸 데워주시겠어요?

Мо́жете подогре́ть э́то?

모–쥐쩨 빠다그례–쯔 에–따

이 음식 맛이 이상해요.

Э́то блю́до стра́нное на вкус.

에–따 블류–다 스뜨란–나예 나 프꾸스

수프에 뭔가 있어요.

В су́пе что́-то пла́вает.

프 쑤–뻬 쉬또–따 쁠라–바잇

음식은 언제 나와요?

Когда́ принесу́т мой зака́з?

까그다– 쁘리니쑤–트 모이 자까–스

메뉴판 좀 다시 주세요.

Да́йте ещё раз меню́, пожа́луйста.

다–이쩨 이쉬요– 라스 미뉴– 빠쥐알–스따

맥주 하나 더 가져다 주시겠어요?

Не могли́ бы вы принести́ мне одно́ пи́во?

니 마글리– 븨 븨 쁘리니스찌– 므녜 아드노– 삐–바

---

12. 식사비 계산하기

주요표현

A : Принеси́те счёт.
뽀리니씨–쩨 쉬요–트

B : Вот счёт. Вам понра́вилась ку́хня?
봇 쉬요–트 밤 빠느라–빌라스 꾸–흐냐

A : 계산서 주세요.

B : 여기 있습니다. 식사는 어떠셨나요?

식사 어땠어?

Как тебе́ ку́хня?
깍 찌베– 꾸–흐냐

아주 맛있었어. 고마워.

О́чень вку́сно. Спаси́бо.
오–췬 프꾸–스나 스빠씨–바

전부 얼마입니까?

Како́й о́бщий счёт?
까꼬–이 오–프쉬 쉬요–트

오늘은 제가 내겠습니다.

Я сего́дня угоща́ю.
야 씨보–드냐 우가쉬아–유

다음에 제가 살게요.

В сле́дующий раз я угощу́.
프 슬레–두유쉬 라스 야 우가쉬우–

각자 냅시다.

Дава́йте рассчи́таемся ка́ждый за себя́.
다바-이쩨 라쉬-다임쌰 까-쥐듸 자 씨바-

반반씩 냅시다.

Дава́йте поде́лим счёт поро́вну.
다바-이쩨 빠젤-림 쉬요-트 빠로-브누

계산이 틀렸습니다.

Непра́вильный счёт.
니쁘라-빌늬 쉬요-트

계산서에 오류가 있네요.

В счёте допу́щена оши́бка.
프 쒸요-쩨 다뿌-쉬나 아쉬-프까

이건 주문하지 않았습니다.

Мы не зака́зывали э́то.
믜 니 자까-즤발리 에-따

영수증에 팁이 포함된 건가요?

Чаевы́е включены́ в счёт?
취븨-예 프끌류취늬- 프 쉬요-트

영수증 드릴까요?

Вам ну́жен чек?
밤 누-쥔 취엑

관련단어

의류

одевáть	아제-바쯔	입다
рубáшка	루바-쉬까	셔츠
кýртка	꾸-르뜨까	재킷
ю́бка	윱-까	치마
мини-ю́бка	미니 윱-까	미니스커트
купáльный костю́м	꾸빨-늬 까스쯈-	수영복
носки́	나스끼-	양말
ни́жнее бельё	니-쥐니예 빌리요	속옷
мужски́е трусы́	무쉬끼예 뜨루씌-	남성용 팬티
жéнские трусы́	쥐엔스끼예 뜨루씌-	여성용 팬티
бюстгáльтер	뷰스뜨갈-떼르	브래지어
перчáтки	삐르취아-뜨기	장갑
пижáма	삐쥐아-마	잠옷
брю́ки	브류-끼	바지
костю́м	가스쯈-	양복
сви́тер	스비-떼르	스웨터
óбувь	오-부프	신발
кроссóвки	끄라쏘-프끼	운동화
головнóй убор	갈라브노-이 우보-르	모자
сýмка	쑴-까	가방
пальтó	빨또-	외투
джи́нсы	쥔-씌	청바지
блýзка	블루-스까	블라우스
футбóлка	푸드볼-까	티셔츠
гáлстук	갈-스뚝	넥타이
ремéнь	리멘-	허리띠

치수

разме́р	라즈메-르	치수, 크기
вес	볘스	무게
высота́	븨싸따-	높이
длина́	들리나-	길이
ширина́	쉬리나-	넓이, 폭
объём	아븨욤-	부피
глубина́	글루비나-	깊이
толщина́	딸쉬나-	두께
расстоя́ние	라스따야-니예	거리
пло́щадь	쁠로-쉬쯔	면적〈여〉
квадра́тный метр	끄바드라-뜨늬 몌뜨르	제곱미터
куби́ческий метр	꾸비-취스끼 몌뜨르	세제곱미터
сантиме́тр	싼찌몌-뜨르	센티미터
килогра́мм	낄라그람-	킬로그램
дюйм	쥬임	인치
фунт	푼트	파운드
литр	리뜨르	리터

양념

припра́ва	쁘리쁘라-바	양념, 조미료
ма́сло	마-슬라	버터
сыр	씌르	치즈
соль	쏠	소금〈여〉
са́хар	싸-하르	설탕
пе́рец чёрный	뻬-리쯔 취요-르늬	후추

관련단어

чеснóк	취스녹–	마늘
лук	룩	양파
зелёный лук	질료–늬 룩	파
петрýшка	삐뜨루–쉬까	파슬리
горчи́ца	가르취–짜	겨자소스
майонéз	마야네–스	마요네즈
кéтчуп	껫–춥	케첩
чеснóк	취스녹–	마늘
лук	룩	양파
зелёный лук	질료–늬 룩	파
петрýшка	삐뜨루–쉬까	파슬리
мóлотый крáсный пéрец	몰–라뜨] 끄라–스늬 뻬–리쯔	고춧가루

음료수

минерáльная водá	미니랄–나야 바다–	미네랄 물
кóка-кóла	꼬–까 꼴–라	콜라
фáнта	판–따	환타
сок	쏙	주스
газирóванные напи́тки	가지로–반늬예 나삐–뜨끼	탄산음료
кóфе	꼬–폐	커피
чай	취아이	차
спиртны́е напи́тки	스삐르뜨늬–예 나삐–뜨끼	술
пи́во	삐–바	맥주
крáсное винó	끄라–스나예 비노–	레드 와인
бéлое винó	벨–라예 비노–	화이트 와인

игри́стое вино́	이그리–스따예 비노–	스파클링 와인
вино́	비노–	위스키
конья́к	까니약–	꼬냑
шампа́нское	쉬암빤–스까예	샴페인
кокте́йль	깍떼–일	칵테일〈남〉
кака́о	까까–오	코코아

음식

еда́	이다–	음식
за́втрак	자–프뜨락	아침 식사
обе́д	아베–트	점심 식사
у́жин	우–쥐인	저녁 식사
хлеб	흘렙	빵
рис	리스	쌀, 밥
зерно́	지르노–	곡물, 곡식
суп	쑤프	스프, 국
говя́дина	가뱌–지나	소고기
свини́на	스비니–나	돼지고기
бара́нина	바라–니나	양고기
ку́рица	꾸–리짜	닭고기
яи́чница	이이–취니짜	계란프라이
ры́ба	릐–바	생선
у́стрица	우–스뜨리짜	굴
сёмга	쏨–가	연어
туне́ц	뚜녜–쯔	참치
рак	락	가재
креве́тка	끄리볘–뜨까	새우

관련단어

колбаса́	깔바싸–	소시지 (순대)
жа́реная ку́рица	쥐아–리나야 꾸–리짜	닭튀김
сала́т	쌀라–트	샐러드
десе́рт	지쎄–르트	후식, 디저트
торт	또르트	케이크
сла́дости	슬라–다스찌	과자〈복〉
шокола́д	쉬아깔라–트	초콜
пи́цца	삣–짜	피자

맛

вкус	프꾸스	맛
вку́сный	프꾸–스늬	맛있는
невку́сный	니프꾸–스늬	맛없는
о́стрый	오–스뜨릐	매운
сла́дкий	슬라–뜨끼	달콤한
солёный	쌀료–늬	짠
пре́сный	쁘례–스늬	싱거운
го́рький	고–르끼	쓴
ки́слый	끼–슬릐	신
жи́рный	쥐–르늬	느끼한

8장

교통

1. 길을 물을 때
2. 길을 안내할 때
3. 버스를 이용할 때
4. 택시를 이용할 때
5. 지하철을 이용할 때
6. 열차를 이용할 때
7. 렌터카를 이용할 때
8. 기내에서

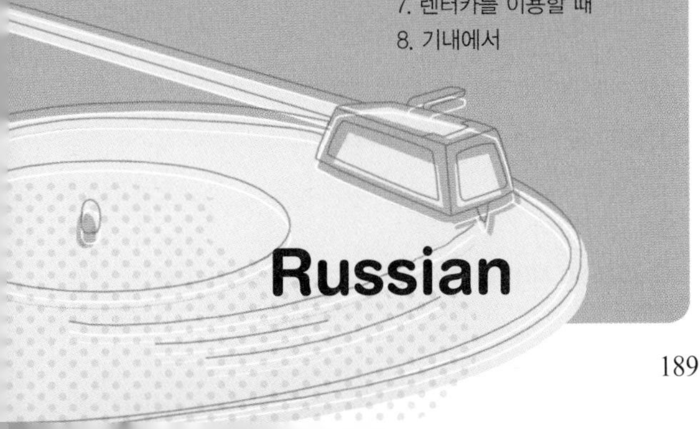

1. 길을 물을 때

주요표현

A : Где нахо́дится Кра́сная пло́щадь?
그제 나호–지짜 끄라–스나야 쁠로–쉬쯔

B : Иди́те пря́мо, пото́м поверни́те нале́во.
이지–쩨 쁘랴–마 빠똠– 빠비르니–쩨 날례–바

A : 붉은광장은 어디에 있어요?

B : 똑바로 가다가 왼쪽으로 도세요.

여름궁전에 어떻게 가죠?

Как добра́ться до Ле́тнего дворца́?
까크 다브라–짜 다 례–뜨니바 드바르짜–

바이칼 호수까지 가는 지도가 있습니까?

Есть ка́рта, как добра́ться до о́зера Байка́л?
예스쯔 까–르따 까크 다브라–짜 다 오–지라 바이깔–

제게 주소는 있습니다.

У меня́ есть а́дрес.
우 미냐– 예스쯔 아–드리스

거기까지 걸어서 갈 수 있습니까?

Туда́ мо́жно дойти́ пешко́м?
뚜다– 모–쥐나 다이찌– 삐쉬꼼–

걸어서 몇 분이나 걸릴까요?

Ско́лько мину́т займёт доро́га пешко́м?
스꼴–까 미누–트 자이묘–트 다로–가 삐쉬꼼–

10분 정도 걸립니다.

Приме́рно 10(де́сять) ми́нут.
쁘리메-르나 제-씨쯔 미누-트

여기서 멉니까?

Далеко́ отсю́да?
달리꼬- 앗쓔-다

여기서 가깝습니다.

Отсю́да бли́зко.
앗쓔-다 블리-스까

택시를 타세요.

Езжа́йте на такси́.
이쥐아-이쩨 나 딱씨-

야간에는 요금을 더 내야 해요.

Вече́рний тари́ф доро́же.
비취예-르니 따리-프 다로-쥐에

걸어서 가거나 무언가를 타고 가는 것에 상관없이 길을 물어볼 때는 'как добра́ться до+생격'을 사용합니다. 걸어서 가는 것을 물어볼 때는 пешко́м이라는 부사를 추가하고, 교통수단으로 가는 걸 물어볼 때는 'на+교통수단 전치격'을 사용합니다.

2. 길을 안내할 때

주요표현

A : Перейди́те че́рез доро́гу.
삐리이지-쩨 취예-리스 다로-구

B : Хорошо́. Спаси́бо.
하라쉬오- 스빠씨-바

A : 길을 건너세요.

B : 알겠습니다. 감사합니다.

성당까지 가는 길을 알려주세요.

Подскажи́те, как пройти́ к собо́ру?
빳스까쥐-쩨 깍 쁘라이찌- 끄 싸보-루

여기가 지름길인가요?

Э́то коро́ткая доро́га?
에-따 까로-뜨까야 다로-가

여기서 50m 정도입니다.

Отсю́да приме́рно 50(пятьдеся́т) ме́тров.
앗쓔-다 쁘리메-르나 삣지쌰-트 메-뜨라프

다음 코너에서 오른쪽으로 도세요.

На сле́дующем углу́ поверни́те напра́во.
나 슬레-두유쉼 우글루- 빠비르니-쩨 나쁘라-바

세 번째 건물입니다.

Тре́тье зда́ние.
뜨레-찌예 즈다-니예

이 길 맞은편에 있습니다.

Нахо́дится напро́тив э́той доро́ги.

나호–지짜 나쁘로–찌프 에–따이 다로–기

은행 옆에 있습니다.

Нахо́дится во́зле ба́нка.

나호–지짜 보–즐레 방–까

경찰서 앞에 있습니다.

Нахо́дится пе́ред полице́йским уча́стком.

나호–지짜 뻬–리트 빨리쩨–이스낌 우취아–스뜨깜

저도 같은 방향으로 갑니다. (차 타고 갈 때)

Я то́же е́ду в ту сто́рону.

야 또–줴 예–두 프 뚜 스또–로누

택시를 부릅시다.

Дава́йте вы́зовем такси́.

다바–이쩨 빅–자빔 딱씨–

길을 건너라고 표현할 때 전치사 че́рез는 생략할 수도 있습니다.

Перейди́те че́рез доро́гу. = Перейди́те доро́гу.

길을 건너세요.

주요표현

A : Э́тот авто́бус идёт до вокза́ла?
에-따트 아프또-부스 이죠-트 다 바그잘-라

B : Да, сади́тесь.
다 싸지-쩨스

A : 이 버스는 기차역까지 갑니까?

B : 네, 타세요.

버스 정류장은 어디에 있습니까?

Где нахо́дится авто́бусная остано́вка?
그제 나호-지짜 아프또-부스나야 아스따노-프까

버스 정류장은 이 길의 코너에 있습니다.

Авто́бусная остано́вка нахо́дится на углу́ э́той доро́ги.
아프또-부스나야 아스따노-프까 나호-지짜 나 우글루- 에-따이 다로-기

공항에 가는 버스는 어디서 탑니까?

Где сесть на авто́бус до аэропо́рта?
그제 쎄스쯔 나 아프또-부스 다 아레라뽀-르따

시내로 가는 버스가 있습니까?

Тут есть авто́бусы, иду́щие до це́нтра?
뚜트 예스쯔 아프또-부스이 이두-쉬예 다 쩬-뜨라

이 버스는 어디까지 갑니까?

Доку́да идёт э́тот авто́бус?
다꾸-다 이죠-트 에-따트 아프또-부스

이 버스는 코스모스 호텔에 정차합니까?

Э́тот авто́бус остана́вливается во́зле оте́ля «Ко́смос»?

에-따트 아프또-부스 아스따나-블리바이짜 보-즐례 아뗄-랴 꼬-스마스

버스는 얼마나 자주 있어요?

Как ча́сто хо́дит авто́бус?

깍 취아-스따 호-지트 아프또-부스

다음 버스는 언제 있어요?

Когда́ бу́дет сле́дующий авто́бус?

까그다- 부-지트 슬례-두유쉬이 아프또-부스

막차는 몇 시에 있습니까?

Во ско́лько после́дний авто́бус?

바 스꼴-까 빠슬례-드니 아프또-부스

기차역으로 가는 버스 첫차는 몇 시입니까?

Во ско́лько пе́рвый авто́бус до вокза́ла?

바 스꼴-까 뻬-르븨 아프또-부스 다 바그잘-라

авто́бус, иду́щий до це́нтра 시내로 가는 버스
авто́бус, иду́щий до вокза́ла 기차역으로 가는 버스
авто́бус, иду́щий до аэропо́рта 공항으로 가는 버스

4. 택시를 이용할 때

주요표현

A : Такси́!
딱씨–

B : Здра́вствуйте. Вам куда́?
즈드라–스뜨부이쩨 밤 꾸다–

A : 택시!

B : 안녕하세요. 어디로 가세요?

코스모스 호텔이요.

Оте́ль «Ко́смос».
아뗄– 꼬–스마스

노브고로드로 가주세요.

Мне в Но́вгород.
므녜 브 노–브가라드

교통상황이 안 좋네요.

Загру́женный тра́фик.
자그루–쥔늬 뜨라–픽

비가 올까요?

Бу́дет дождь?
부–짓 도–쉬쯔

다 왔습니다.

Мы прие́хали.
믜 쁘리예–할리

여기서 세워주세요.

Останови́те тут.

아스따나비-쩨 뜻

얼마예요?

Ско́лько?

스꼴-까

200루블입니다.

200(две́сти) рубле́й.

드베-스찌 루블레-이

여기 있습니다.

Возьми́те.

바즈미-쩨

잔돈 없으세요?

У вас есть ме́лочь?

우 바스 예스쯔 멜-라취

거스름돈은 가지세요.

Возьми́те сда́чу.

바즈미-쩨 즈다-취우

조금만 더 가주세요.

Ну́жно прое́хать ещё немно́го.

누-쥐나 쁘라예-하쯔 이쉬요 님노-가

주요표현

A : Ну́жно пересе́сть?
누-쥐나 삐리쎄-스쯔

B : Да, на сле́дующей ста́нции.
다 나 슬레-두유쉬이 스딴-찌이

A : 환승해야 되나요?

B : 네, 다음 역에서요.

지하철 역은 어디입니까?

Где нахо́дится ста́нция метро́?
그제 나호-지짜 스딴-찌야 미뜨로-

매표소는 어디예요?

Где ка́сса?
그제 까-싸

티켓은 저 기계에서 사세요.

Купи́те биле́т в том аппара́те.
꾸삐-쩨 빌레-트 프 똠 아빠라-쩨

첫차는 몇 시에 있습니까?

Во ско́лько пе́рвый по́езд?
바 스꼴-까 뻬-르븨 뽀-이스트

막차가 방금 떠났어요.

После́дний по́езд то́лько что отбы́л.
빠슬레-드니 뽀-이스트 똘-까 쉬또 옷브일-

대사관에 가려면 몇 호선을 타야 합니까?

По како́й ли́нии метро́ мо́жно добра́ться до посо́льства?

빠 까꼬-이 리-니이 미뜨로- 모-쥐나 다브라-짜 다 빠쏠-스뜨빠

5호선으로 갈아타세요.

Переся́дьте на 5(пя́тую) ли́нию.

삐리쌰-쯔쩨 나 뺘-뚜유 리-니유

노선을 잘못 타셨어요.

Вы се́ли не на ту ли́нию.

븨 쏄-리 니 나 뚜 리-니유

출구는 어디입니까?

Где нахо́дится вы́ход?

그졔 나호-지짜 븨-하트

대사관에 가려면 몇 번 출구로 나가야 해요?

На како́й вы́ход метро́ ну́жно вы́йти, что́бы попа́сть в посо́льство?

나 까꼬-이 븨-하트 미뜨로- 누-쥐나 븨-이찌 쉬또-븨 빠빠-스쯔 프 빠쏠-스뜨바

이 노선의 종점은 어디입니까?

Кака́я коне́чная ста́нция э́той ли́нии?

까까-야 까녜-취나야 스딴-찌야 에-따이 리-니이

---

6. 열차를 이용할 때

주요표현

A : Э́то по́езд до Владивосто́ка?
에-따 뽀-이스트 도 블라디바스또-까

B : Да, проходи́те.
다 쁘라하지-쩨

A : 이 열차는 블라디보스토크행 열차입니까?

B : 네, 타세요.

여기 앉아도 될까요?

Мо́жно сесть сюда́?
모-쥐나 쎄스쯔 쓔다-

실례합니다, 여기 제 자리 같아요.

Извини́те, ка́жется, э́то моё ме́сто.
이즈비니-쩨 까-쥐짜 에-따 마요- 메-스따

승차권을 보여주세요.

Покажи́те биле́т.
빠까쥐-쩨 빌례-트

이 열차는 여기서 얼마나 정차하나요?

Ско́лько э́тот по́езд бу́дет стоя́ть тут?
스꼴-까 에-따트 뽀-이스트 부-지트 스따야-쯔 뚜트

창가쪽이요 아니면 복도쪽이요?

Вам ме́сто у окна́ и́ли у прохо́да?
밤 메-스따 우 아크나- 일-리 우 쁘라호-다

화장실이랑 멀리 떨어진 자리 주세요.

Да́йте ме́сто пода́льше от туале́та, пожа́луйста.
다-이쩨 메-스따 빠달-쉬에 앗 뚜알례-따 빠쥐알-스따

제가 예약한 좌석을 바꿔주실 수 있나요?

Не могли́ бы вы поменя́ть заброни́рованное мной ме́сто?
니 마글리- 븨 븨 빠미냐-즈 자브라니-라반나예 므노이 메-스따

다음은 무슨 역인가요?

Кака́я сле́дующая ста́нция?
까까-야 슬레-두유쉬야 스딴-찌야

드디어 도착했어요.

Наконе́ц-то мы при́были.
나까녜-츠따 믜 쁘리-브일리

마지막 열차를 놓쳤습니다. (화자가 남자일 때)

Я опозда́л на после́дний по́езд.
야 아빠즈달- 나 빠슬례-드니 뽀-이스트

'교통수단에 타라'고 할 때 '타서 앉으라'는 뜻의 сади́тесь를 쓸 수도 있고, 같은 공간에서 '내가 있는 쪽으로 오라'는 뜻인 проходи́те를 쓸 수도 있습니다.

7. 렌터카를 이용할 때

주요표현

A : Хочу́ аре́ндовать маши́ну на неде́лю.
하취우– 아렌–다바쯔 마쉬–누 나 니젤–류

B : Како́й автомоби́ль вы бы хоте́ли?
까꼬–이 아프따마빌– 븨 븨 하쩰–리

A : 일주일간 차를 빌리고 싶습니다.

B : 어떤 차종을 원하십니까?

오토매틱 세단을 렌트하겠습니다. (화자가 남자일 때)

Я бы хоте́л седа́н с автомати́ческим управле́нием.
야 븨 하쩰– 씨단– 스 아프따마찌–취스낌 우쁘라블례–니임

차 목록을 볼 수 있습니까?

Мо́жно посмотре́ть катало́г маши́н?
모–쥐나 빠스마뜨례–쯔 까딸록– 마쉰–

소형차에 관심이 있습니다.

Меня́ интересу́ют малолитра́жные маши́ны.
미냐– 인찌리쑤–유트 말라리뜨라–쥐늬예 마쉬–늬

하이브리드카 있습니까?

У вас есть гибри́дный автомоби́ль?
우 바스 예스쯔 기브리–드늬 아프따마빌–

중형차를 빌리고 싶어요.

Хочу́ взя́ть в аре́нду автомоби́ль сре́днего разме́ра.
하취우– 비쟈–쯔 브 아렌–두 아프따마빌– 스례–드니바 라즈몌–라

성수기에 차 렌트비는 얼마입니까?

Ско́лько сто́ит аре́нда маши́ны в высо́кий сезо́н?
스꼴-까 스또-잇 아렌-다 마쉬-늬 브 븨쏘-끼 씨존-

사고 보험에 가입하고 싶어요.

Хочу́ оформи́ть доро́жно-тра́нспортную страхо́вку.
하취우- 아파르미-쯔 다로-쥐나 뜨란-스빠르뜨누유 스뜨라호-프꾸

운전면허를 보여주세요.

Покажи́те води́тельское удостовере́ние.
빠까쥐-쩨 바지-찔스까예 우다스따비례-니예

차를 공항에서 반납할 수 있습니까?

Я могу́ верну́ть маши́ну в аэропорту́?
야 마구- 비르누-쯔 마쉬-누 브 아에라빠르뚜-

몇 시까지 반납해야 되죠?

До ско́льких часо́в ну́жно верну́ть?
다 스깔-끼흐 취쏘-프 누-쥐나 비르누-쯔

두 시 전까지 반납하세요.

Верни́те до 2(двух) часо́в.
비르니-쩨 다 드부흐 취쏘-프

하루 렌트비는 얼마입니까?

Ско́лько сто́ит аре́нда автомоби́ля в день?
스꼴-까 스또-잇 아렌-다 아프다마빌-랴 브 젠

주요표현

A : Где моё ме́сто?
그제 마요- 메-스따

B : Вот тут у окна́.
봇 뜻 우 아크나-

A : 제 좌석은 어디입니까?

B : 여기 창가 쪽입니다.

복도 쪽입니다.

Во́зле прохо́да.
보-즐례 쁘라호-다

여기 앉아도 되겠습니까?

Мо́жно сюда́ сесть?
모-쥐나 쓔다- 셰쓰쯔

안전벨트를 매주세요.

Пристегни́те ремни́ безопа́сности.
쁘리스찌그니-쩨 림니- 비자빠-스나스찌

오렌지 주스를 드시겠어요, 사과 주스를 드시겠어요?

Вам апельси́новый и́ли я́блочный сок?
밤 아삘씨-나븨 일-리 야-블라취늬 쏙

담요 하나 주세요.

Да́йте 1(оди́н) плед.
다-이쩨 아진- 쁠롓

주스 한 잔 주세요.

Да́йте 1(оди́н) стака́н со́ка.

다–이쩨 아진– 스따깐– 쏘–까

화장실은 어디입니까?

Где туале́т?

그제 뚜알레–트

면세품을 사고 싶어요.

Я хочу́ приобрести́ това́ры беспо́шлинной торго́вли.

야 하취우– 쁘리아브리스찌– 따바–릐 비스뽀–쉴린나이 따르고–블리

언제 세레메티예보 공항에 도착합니까?

Когда́ мы прибу́дем в аэропо́рт Шереме́тьево?

까그다– 믜 쁘리부–짐 브 아에라뽀–르뜨 쉬리몌–찌예바

이 입국신고서 쓰는 방법 좀 알려주세요.

Подскажи́те, как запо́лнить э́тот лист прибы́тия.

빳스까쥐–쩨 깍 자뽈–니쯔 에–땃 리스뜨 쁘리븨–찌야

좌석을 저와 바꿔주시겠습니까?

Вы мо́жете поменя́ться со мной места́ми?

븨 모–쥐쩨 빠미냐–짜 싸 므노이 미스따–미

여러분 모두 좋은 하루 되시기 바랍니다.

Жела́ем вам хоро́шего дня!

쥘라–임 밤 하로–쉬바 드냐

관련단어

교통수단

тра́нспорт	뜨란-쓰빠르트	교통
раке́та	라꼐-뜨까	로켓
косми́ческий кора́бль	까스미-취스끼 까라-블	우주선
аэропо́рт	아에라뽀-르트	공항
самолёт	싸말료-트	비행기
вертолёт	비르딸료-트	헬기
по́езд	뽀-이스트	기차
ста́нция метро́	스딴-찌야 미뜨로-	지하철역
трамва́й	뜨람바-이	전차
такси́	딱씨-	택시
авто́бус	아프또-부스	버스
туристи́ческий авто́бус	뚜리스찌-취스끼 아프또-부스	관광버스
маршру́тный авто́бус	마르쉬루-뜨늬 아프또-부스	셔틀버스
легково́й автомоби́ль	리흐까보-이 아프따마빌-	승용차
грузови́к	그루자빅-	화물차
ско́рая по́мощь	스꼬-라야 뽀-마쉬	구급차
полице́йская маши́на	빨리쩨-이스까야 마쉬-나	경찰차
пожа́рная маши́на	빠쥐아-르나야 마쉬-나	소방차
фуникулёр	푸니꿀료-르	케이블카
спорти́вный автомоби́ль	스빠르찌-브늬 아프따마빌-	스포츠카
мотоци́кл	마다찌-끌	오토바이
велосипе́д	빌라씨뻬-	자전거
порт	뽀르트	항구

прича́л	쁘리취알–	선착장
кора́бль	까라–블	배〈남〉
па́русник	빠–루스닉	돛단배

방향에 관한 표현

направле́ние	나쁘라블례–니예	방향
восто́к	바스똑–	동
за́пад	자–빠트	서
юг	육	남
се́вер	쎄–비르	북
юго-восто́к	유가바스똑–	남동
юго-за́пад	유가자–빠트	남서
северо-восто́к	씨비라바스똑–	북동
северо-за́пад	씨비라자–빠트	북서
напра́во	나쁘라–바	오른쪽으로
нале́во	날례–바	왼쪽으로
вве́рх	베–르흐	위로
вниз	브니스	아래로
ря́дом	랴–담	옆에
бли́зко	블리–스까	가까이에
середи́на	씨리지–나	가운데
впереди́	프삐리지–	앞에
позади́	빠자지–	뒤에
внутри́	브누뜨리–	안에
снару́жи	스나루–쥐	밖에
вход	프호트	입구
вы́ход	븨–하트	출구

관련단어

перекрёсток	삐리끄료-스딱	교차로
пешехóдный перехóд	삐쉬호-드늬 삐리호-트	횡단보도
учáсток дорóги	우취아-스딱 다로-기	구간
светофóр	스비따포-르	신호등
прáвый поворóт	쁘라-븨 빠바로-트	우회전
лéвый поворóт	례-븨 빠바로-트	좌회전
разворóт	라즈바로-트	유턴

관광

9장

1. 출입국 심사
2. 수하물 찾기
3. 세관에서
4. 방 예약, 방 구하기
5. 체크인 하기
6. 룸서비스
7. 각종 문의
8. 체크아웃 하기
9. 관광지에서
10. 사진을 찍을 때

1. 출입국 심사

주요표현

A : Цель ва́шего визи́та?
쩰 바-쉬바 비지-따

B : Тури́зм.
뚜리-즘

A : 방문 목적이 무엇입니까?

B : 관광입니다.

여권과 탑승권을 볼 수 있을까요?

Мо́жно ваш па́спорт и поса́дочный тало́н?
모-쥐나 바쉬 빠-스빠르뜨 이 빠싸-다취늬 딸론-

무슨 일로 방문하셨습니까?

С како́й це́лью вы прие́хали?
스 까꼬-이 쩰-리유 븨 쁘리예-할리

거래차 방문했습니다.

По би́знесу.
빠 비-즈니쑤

유학입니다.

Уче́бная стажиро́вка.
우취예-브나야 스따쥐로-프까

여기에 얼마나 체류하실 건가요?

Ско́лько вы бу́дете находи́ться здесь?
스꼴-까 븨 부-지쩨 나하지-짜 즈졔스

1개월 정도요.

Приме́рно 1(оди́н) ме́сяц.
쁘리메-르나 아진- 메-씨쯔

어디서 체류하실 겁니까?

Где вы собира́етесь жить?
그졔 븨 싸비라-이쩨스 쥐쯔

표트르 호텔에서 체류합니다.

Я остановлю́сь в оте́ле «Пётр».
야 아스따나블류-스 브 아뗄-례 표-뜨르

친구들 집에서 지낼 겁니다.

Я остановлю́сь в до́ме друзе́й.
야 아스따나블류-스 브 도-메 드루졔-이

귀국 항공권은 갖고 계십니까?

У вас есть обра́тный биле́т?
우 바스 예스쯔 아브라-뜨늬 빌례-트

비자가 있습니까?

У вас есть ви́за?
우 바스 예스쯔 비-자

친구의 이름과 주소를 기재하세요.

Запо́лните и́мя и а́дрес ва́шего дру́га.
자뽈-니쩨 이-먀 이 아-드리스 바-쉬바 드루-가

주요표현

A : Где получи́ть бага́ж?
그제 빨루취-쯔 바가-쉬

B : Иди́те по тому́ указа́телю.
이지-쩨 빠 따무- 우까자-찔류

A : 짐은 어디서 찾죠?

B : 저기 표시를 따라가세요.

제 짐이 보이지 않습니다.

Я не ви́жу свой бага́ж.

야 니 비-쥐우 스보이 바가-쉬

제 수하물 찾는 걸 도와주세요.

Пожа́луйста, помоги́те мне найти́ бага́ж.

빠쥐알-스따 빠마기-쩨 므녜 나이찌- 바가-쉬

여기서 기다려 주세요.

Подожди́те тут.

빠다쥐지-쩨 뚜트

어느 항공편입니까?

Како́й рейс?

까꼬-이 례이스

SU251편으로 도착했습니다.

Мы прибы́ли ре́йсом SU251(две́сти пятьдеся́т оди́н).

믜 쁘리븰-리 례-이쌈 에스유 드볘-스찌 삣지샤- 아진-

티켓 보여주세요.

Покажи́те биле́т.
빠까쥐-쩨 빌례-트

가방이 어떤 타입인가요?

Како́й у вас чемода́н?
까꼬-이 우 바스 취마단-

짐이 무슨 색이죠?

Како́го цве́та ва́ша бага́жная су́мка?
까꼬-바 츠볘-따 바-쉬아 바가-쥐나야 쑴-까

제 짐 중에 하나가 나오지 않았어요. (화자가 남자일 때)

Я не получи́л ещё одну́ бага́жную су́мку.
야 니 빨루췰- 이쉬요- 아드누- 바가-쥐누유 쑴-꾸

수하물표 있으신가요?

У вас есть бага́жные тало́ны?
우 바스 예스쯔 바가-쥐늬예 딸로-늬

제 가방이 손상되었습니다.

Моя́ су́мка повреждена́.
마야- 쑴-까 빠브리쥐지나-

저 파란 가방이 제 것입니다.

Тот си́ний чемода́н мой.
똣 씨-니 취마단- 모이

3. 세관에서

주요표현

A : У вас есть запрещённые ве́щи?
우 바스 예스쯔 자쁘리쉬욘-늬 볘-쉬

B : Нет.
니엣

A : 신고할 물건 있습니까?

B : 아니요, 없습니다.

세관검사대는 어디입니까?

Где нахо́дится тамо́женный досмо́тр?
그졔 나호-지짜 따모-쥔늬 다스모-뜨르

세관신고서를 보여주시겠습니까?

Покажи́те тамо́женную деклара́цию.
빠까쥐-쩨 따모-쥔누유 지끌라라-찌유

세관신고서를 작성해 주세요.

Запо́лните тамо́женную деклара́цию.
자뽈-니쩨 따모-쥔누유 지끌라라-찌유

가방을 열어주세요.

Откро́йте ва́шу су́мку.
앗끄로-이쩨 바-쉬우 쑴-꾸

이 속에 뭐가 들어 있습니까?

Что нахо́дится внутри́?
쉬또 나호-지짜 브누뜨리-

이것은 무엇입니까?

Что э́то?

쉬또 에–따

친구 선물입니다.

Э́то пода́рок дру́гу.

에–따 빠다–락 드루–구

제 개인 소지품입니다.

Э́то мои́ ли́чные ве́щи.

에–따 마이– 리–취늬예 베–쉬

이게 제가 가진 전부입니다.

Э́то всё, что я име́ю.

에–따 프쑈– 쉬또 야 이메–유

짐을 책상 위에 올려주세요.

Поста́вьте су́мку на стол.

빠스따–프쩨 쑴–꾸 나 스똘

달러를 얼마나 가지고 계십니까?

Ско́лько у вас при себе́ до́лларов?

스꼴–까 우 바스 쁘리 씨베– 돌–라라프

옷과 화장품이 들어 있습니다.

Там нахо́дятся оде́жда и косме́тика.

땀 나호–지짜 아제–쥐다 이 까스메–찌까

주요표현

A : Я хочу́ заброни́ровать но́мер.
야 하취우– 자브라니–라바쯔 노–미르

B : Пожа́луйста, назови́те ва́ше и́мя и но́мер телефо́на.
빠줘알–스따 나자비–쩨 바–쉬에 이–먀 이 노–미르 찔리포–나

A : 방을 예약하려고 합니다.

B : 성함과 전화번호를 알려주시겠습니까?

제 이름은 박민수입니다.

Меня́ зову́т Пак Мин Су.
미냐– 자붓– 박 민 수

전화번호는 120-34-50입니다.

Но́мер телефо́на 120-34-50 (сто два́дцать три́дцать четы́ре пятьдеся́т)
노–미르 찔리포–나 스또 드바–짜쯔 뜨리–짜쯔 취띄–례 삣지샷–

와이파이는 무료입니다.

Вайфа́й беспла́тный.
바이파–이 비스쁠라–뜨늬

조식 포함입니까?

За́втраки включены́?
자–프뜨라끼 프끌류취늬–

여기에 언제 도착하시나요?

Когда́ вы прибу́дете?

까그다- 븨 쁘리부-지쩨

내일 아침입니다.

За́втра у́тром.

자-프뜨라 우-뜨람

며칠 머무르십니까?

Ско́лько вы бу́дете находи́ться здесь?

스꼴-까 븨 부-지쩨 나하지-짜 즈졔스

예약 취소할 수 있나요?

Возмо́жно отмени́ть бронь?

바즈모-쥐나 앗미니-쯔 브론

오늘 예약하시고 체크인 시 지불하시면 됩니다.

Сего́дня сде́лайте бронь, а оплати́те при заселе́нии.

씨보-드냐 즈젤-라이쩨 브론 아 아쁠리찌-쩨 쁘리 자씰례-니이

빈방이 하나 남았습니다.

Оста́лся оди́н свобо́дный но́мер.

아스딸-쌰 아진- 스바보-드늬 노-미르

예약을 변경하겠습니다.

Я изменю́ бронь.

야 이즈미뉴- 브론

주요표현

A : Есть свобо́дные номера́?
예스쯔 스바보-드늬예 나미라-

B : Да, е́сть.
다 예-스쯔

A : 빈방 있습니까?

B : 네, 있습니다.

예약하셨습니까?

Вы заброни́ровали?
븨 자브라니-라발리

아니요, 예약 안 했습니다. (화자가 여자일 때)

Нет, я не заброни́ровала.
니엣 야 니 자브라니-라발라

지금 체크인 할 수 있습니까?

Мо́жно засели́ться сейча́с?
모-쥐나 자씰리-짜 씨취아-스

어떤 방에 숙박하시겠습니까?

В како́м но́мере вы хоте́ли бы останови́ться?
프 까꼼- 노-미레 븨 하쪨-리 븨 아스따나비-짜

얼마나 머무실 예정입니까?

Ско́лько вы собира́етесь пробы́ть?
스꼴-까 븨 싸비라-이쩨스 쁘라븨-쯔

3일간 체류합니다.

Я пробу́ду 3(три) дня.
야 쁘라부-두 뜨리 드냐

요금은 하루에 얼마입니까?

Какова́ сто́имость но́мера в су́тки?
까까바- 스또-이마스쯔 노-미라 프 쑤-뜨끼

이 서식을 채워주세요.

Запо́лните э́тот бланк.
자뽈-니쩨 에-땃 블랑끄

방 번호는 201호입니다.

Ваш но́мер 201(две́сти оди́н).
바쉬 노-미르 드볘-스찌 아진-

여기 열쇠 있습니다.

Вот ва́ши ключи́.
봇 바-쉬 끌류취-

죄송하지만 빈방이 없습니다.

Извини́те, но свобо́дных номеро́в нет.
이즈비니-쩨 노 스바보-드늬흐 나미로-프 녯

식당은 몇 층인가요?

На како́м этаже́ рестора́н?
나 까꼼- 에따쥐에- 리스따란-

주요표현

A : Рум-се́рвис. Чем мо́жем помо́чь?
룸 쎄-르비스 취옘 모-쥠 빠모-취

B : Не могли́ бы вы принести́ за́втрак в но́мер?
니 마글리- 븨 븨 쁘리니스찌- 자-프뜨락 브 노-미르

A : 룸서비스입니다. 무엇을 도와드릴까요?

B : 아침 식사를 방에 가져다 줄 수 있습니까?

도와드릴까요?

Вам помо́чь?

밤 빠모-취

내일 아침에 모닝콜 부탁합니다.

Разбуди́те меня́ за́втра у́тром.

라즈부지-쩨 미냐- 자-프뜨라 우-뜨람

식당은 몇 시에 문 열어요?

Во ско́лько открыва́ется рестора́н?

바 스꼴-까 앗끄리바-이짜 리스따란-

6시에 엽니다.

В 6(шесть) часо́в.

프 쉬에스쯔 취쏘-프

세탁 부탁합니다.

Постира́йте мои́ ве́щи.

빠스찌라-이쩨 마이- 베-쉬

방이 지저분합니다.

В ко́мнате не у́брано.
프 꼼–나쩨 니 우–브라나

너무 시끄럽습니다.

О́чень шу́мно.
오–췬 쉬움–나

방을 바꾸고 싶습니다.

Я хочу́ поменя́ть но́мер.
야 하취우– 빠미냐–짜 노–미르

뜨거운 물이 나오지 않습니다.

Нет горя́чей воды́.
녯 가랴–취이 바듸–

화장실에 수건이 없습니다.

В туале́те нет полоте́нец.
프 뚜알례–쩨 녯 빨라쪠–니쯔

휴지 좀 더 주시겠어요?

Не могли́ бы вы принести́ ещё туале́тной бума́ги?
니 마글리– 븨 븨 쁘리니스찌– 이쉬요– 뚜알례–뜨나이 부마–기

호텔 내 세탁 서비스가 있나요?

В оте́ле есть услу́га праче́чной?
브 아뗄–례 예스쯔 우슬루–가 쁘라취예–취나이

주요표현

A : Мóжно сдать цéнные вéщи?
모–쥐나 즈다쯔 쩬–늬예 베–쉬

B : Да, положи́те в э́тот сéйф.
다 빨라쥐–쩨 프 에–땃 쎼–이프

A : 귀중품을 맡길 수 있나요?

B : 네, 이 금고에 넣어주세요.

방에 금고가 있습니까?

В нóмере есть сéйф?
보 노–미례 예스쯔 쎼–이프

이 짐을 저녁까지 맡길 수 있나요?

Могу́ я остáвить э́тот багáж до вéчера?
마구– 야 아스따–비쯔 에–땃 바가–쉬 다 베–취라

짐을 맡아주실 수 있습니까?

Вы мóжете приня́ть вéщи?
븨 모–쥐쩨 쁘리냐–쯔 베–쉬

제 짐을 주시겠습니까?

Пожáлуйста, могу́ я забрáть свой багáж?
빠쥐알–스따 마구– 야 자브라–쯔 스보이 바가–쉬

여기서 환전할 수 있습니까?

Могу́ я обменя́ть здесь дéньги?
마구– 야 압미냐–쯔 즈제스 젠–기

여기서 팩스를 보낼 수 있습니까?

Могу́ я отсю́да отпра́вить факс?

마구– 야 앗쓔–다 앗쁘라–비쯔 팍스

인터넷을 할 수 있습니까?

Могу́ я воспо́льзоваться интерне́том?

마구– 야 바스뽈–자바짜 인떼르네–땀

202호에 전화 좀 걸어주시겠습니까?

Соедини́те с но́мером 202(две́сти два), пожа́луйста.

싸이지니–쩨 스 노–미람 드베–스찌 드바 빠쥐알–스따

제게 온 메시지 없습니까?

Для меня́ не́ было сообще́ний?

들랴 미냐– 녜– 빌라 싸아프쉬예–니이

이 편지를 서울에 보내주시겠습니까?

Не могли́ бы вы отпра́вить э́то письмо́ в Сеу́л?

니 마글리– 븨 븨 앗쁘라–비쯔 에–따 삐스모– 프 씨울–

이 소포를 한국에 보내고 싶습니다.

Хочу́ отпра́вить э́ту посы́лку в Ю́жную Коре́ю.

하취우– 앗쁘라–비쯔 에–뚜 빠씰–꾸 브 유–쥐누유 까례–유

호텔에 바가 있나요?

В оте́ле есть бар?

브 아뗄–례 예스쯔 바르

8. 체크아웃 하기

주요표현

A : Я сейча́с выселя́юсь.
야 씨취아-스 븨씰랴-유스

B : Да́йте ключи́ от ва́шего но́мера.
다-이쩨 끌류취- 앗 바-쉬바 노-미라

A : 지금 체크아웃 하겠습니다.

B : 방 열쇠를 부탁합니다.

짐을 맡겨놓으셔도 됩니다.

Вы мо́жете оста́вить свой бага́ж.
믜 모-쥐쩨 아스따-비쯔 스보이 바가-쉬

이 짐을 3시까지 맡아주시겠습니까?

Могу́ я оста́вить э́тот бага́ж до 3(трёх) часо́в?
마구- 야 아스따-비쯔 에-땃 바가-쉬 다 뜨료-흐 취쏘-프

체류를 하루 더 연장하겠습니다.

Я продлю́ но́мер ещё на су́тки.
야 쁘라들류- 노-미르 이쉬요- 나 쑤-트끼

몇 시까지 나가야 하죠?

Во ско́лько ну́жно вы́йти?
바 스꼴-까 누-쥐나 븨-이찌

체크아웃 시간은 몇 시입니까?

Во ско́лько ну́жно вы́селиться из оте́ля?
바 스꼴-까 누-쥐나 븨-씰리짜 이즈 아뗄-랴

체크아웃은 오전 11시입니다.

Вре́мя выселе́ния до 11(оди́ннадцати) часо́в.
브례-먀 븨씰례-니야 다 아진-나짜찌 취쏘-프

그 시간이 지나면 1박 추가 비용을 청구합니다.

Е́сли ука́занное вре́мя пройдёт, то ну́жно
예-글리 우까-잔나예 브례-먀 쁘라이죳- 또 누-쥐나

заплати́ть дополни́тельно ещё за 1(одни́) су́тки.
자쁠라찌-쯔 다빨니-쩰나 이쉬요- 자 아진- 쑤-트끼

체크아웃 시간을 연장할 수 있습니까?

Мо́жно продли́ть вре́мя выселе́ния?
모-쥐나 쁘리들리-쯔 브례-먀 븨씰례-니야

리셉션은 매일 24시간 열려 있습니다.

Ресе́пшен оте́ля рабо́тает круглосу́точно.
리셉-쉰 아뗄-랴 라보-따잇 끄루글라쑤-따취나

모든 종류의 신용카드를 받습니다.

Мы принима́ем все ви́ды карт.
믜 쁘리니마-임 프셰 비-듸 까르뜨

세금이 포함되어 있습니다.

Нало́ги включены́.
날로-기 프끌류취늬-

주요표현

A : Какие достопримечательности есть в этом районе?
까끼-예 다스따쁘리미취아-찔나스찌 예스쯔 브 에-땀 라이오-녜

B : Здесь есть очень известный городской музей.
즈졔스 예스쯔 오-췬 이즈볘-스늬 가라츠꼬-이 무졔-이

A : 이곳에 어떤 관광명소들이 있나요?

B : 여기는 시립박물관이 아주 유명합니다.

관광안내소가 어디에 있나요?

Где находится туристический информационный центр?
그졔 나호-지짜 뚜리스찌-취스끼 인파르마찌온-늬 쩬뜨르

관광안내서는 어디에 있나요?

Где находятся информационные буклеты?
그졔 나호-지짜 인파르마찌온-늬예 부끌례-띄

여기에서 시내 지도를 얻을 수 있나요?

Можно здесь получить карту города?
모-쥐나 즈졔스 빨루취-쯔 까-르뚜 고-라다

어느 곳을 구경하고 싶으세요?

Что вы хотели бы посмотреть?
쉬또 믜 하쩰-리 븨 빠스마뜨례-쯔

특히 어떤 것이 볼 만합니까?

Что особенно вы порекомендуете посмотреть?
쉬또 아쏘-빈나 븨 빠리까민두-이쩨 빠스마뜨례-쯔

어떤 관광명소를 추천하시겠습니까?

Каки́е достопримеча́тельности вы порекоменду́ете?
까끼–예 다스따쁘리미취아–찔나스찌 븨 빠리까민두–이쩨

저는 시내일주 관광을 추천하고 싶습니다.

Я рекоменду́ю вам провести́ экску́рсию по го́роду.
야 리까민두–유 밤 쁘라비스찌 엑스꾸–르씨유 빠 고–라두

가이드 안내는 언제 시작됩니까?

Когда́ начина́ет рабо́тать гид?
까그다– 나취나–잇 라보–따쯔 기드

시내일주 코스가 1인당 얼마입니까?

Ско́лько сто́ит экску́рсия по го́роду на 1(одного́) челове́ка?
스꼴–까 스또–잇 엑스꾸–르씨야 빠 고–라두 나 아드나보 췰라볘–까

식사도 포함되나요?

Еда́ включена́ в сто́имость?
이다 프끌류취나 프 스또–이마스쯔

모스크바에서 갈 만한 곳은 어딘가요?

Что сто́ит посмотре́ть в Москве́?
쉬또 스또–잇 빠스마뜨례–쯔 브 마스끄볘–

10. 사진을 찍을 때

주요표현

A : Мо́жете сде́лать фо́то?
모–쥐쩨 즈젤–라쯔 포–따

B : Да, скажи́те «кимчи́». (улыба́йтесь)
다 스까쥐–쩨 낌취– 울리바–이쩨스

A : 사진 좀 찍어주시겠습니까?

B : 네, '김치' 하세요. (미소를 지으세요)

함께 사진 찍읍시다.

Дава́йте сфотографи́руемся вме́сте.
다바–이쩨 스파따그라피–루임샤 브몌–스쩨

사진 찍는 걸 좋아해요. (나를 포함한 사진 찍는 것)

Я люблю́ фотографи́роваться.
야 류블류– 파따그라피–라바짜

당신의 사진을 찍어도 되겠습니까?

Мо́жно вас сфотографи́ровать?
모–쥐나 바스 스파따그라피–라바쯔

이 카메라는 어떻게 사용해요?

Как испо́льзовать э́ту ка́меру?
깍 이스폴–자바쯔 에–뚜 까–미루

이 버튼을 누르기만 하면 됩니다.

Ну́жно то́лько нажа́ть на э́ту кно́пку.
누–쥐나 똘–까 나쥐아–쯔 나 에–뚜 크노–프꾸

비디오를 찍읍시다.

Дава́йте сни́мем ви́део.
다바–이쩨 스니–밈 비–지오

필름은 어디서 살 수 있나요?

Где мо́жно купи́ть плёнку?
그제 모–쥐나 꾸삐–쯔 뾸룐–꾸

이것을 인화해 주세요.

Распеча́тайте э́тот сни́мок.
라스삐취아–따이쩨 에–따트 스니–마크

이 사진을 확대해 주세요.

Увели́чьте э́тот сни́мок.
우빌리–취쩨 에–따트 스니–마크

이 사진을 이메일로 서울에 보냅시다.

Дава́йте отпра́вим э́тот сни́мок в Сеу́л по
다바–이쩨 앗쁘라–빔 에–따트 스니–마크 프 씨울–

электро́нной по́чте.
빠 엘릭뜨론–나이 뽀–취쩨

фотографи́роваться, сфотографи́роваться는 자기 자신을 포함하여 사진을 찍는 것을 말하며, 다른 사람이나 대상을 찍을 때는 맨 끝의 ся를 뺀 фотографи́ровать, сфотографи́ровать 혹은 де́лать, сде́лать фо́то라는 표현을 사용합니다.

관련단어

비행기

командúр экипáжа	까만지-르 에끼빠-쥐아	기장
пилóт	삘롯-	조종사
стю́ард	스쮸-아르트	남승무원
стюардéсса	스쮸아르데-싸	여승무원
вéрхний багáжный отсéк	볘-르흐니 바가-쥐늬 앗쎅-	머리 위 짐칸
наýшники	나우-쉬니끼	헤드폰〈복〉
кислорóдная мáска	끼슬라로-드나야 마-스까	산소호흡기
спасáтельный жилéт	스빠싸-찔늬 쥘렛-	구명조끼
аварúйный вы́ход	아바리-늬 븨-하트	비상출구
зáнято (туалéт)	자-니따 (뚜알렛-)	사용중 (화장실)
свобóдно	스바보-드나	비어 있는
курúть запрещенó	꾸리-쯔 자쁘리쉬노-	금연

공항 내 주요 안내 표시

аэропóрт	아에라뽀-르트	공항
аэровокзáл	아에라바그잘-	공항청사
стóйка информáции	스또-이까 인파르마-찌야	안내
вы́лет	브일-릿	출국, 출발
прилёт	쁘릴료-트	도착
вы́ход на посáдку	븨-하트 나 빠싸-뜨꾸	탑승게이트
транзúт	뜨란지-트	통과, 환승
вхóд	프호-트	입구
вы́ход	븨-하트	출구

междунаро́дные ре́йсы 미쥐두나로–드늬예 례–이씌 국제선〈복〉

вну́тренние ре́йсы 브누–뜨린니예 례–이씌 국내선〈복〉

граждани́н РФ 그라쥐다닌– 에르에프 러시아인

иностра́нный граждани́н 이나스뜨란–늬 그라쥐다닌– 외국인

тамо́женный контро́ль 따모–쥔늬 깐뜨롤– 세관

пограни́чный контро́ль 빠그라니–취늬 깐뜨롤– 출입국관리

безопа́сность 비자빠–스나스쯔 안전, 보안〈여〉

вы́дача бага́жа 븨–다취아 바가–쥐아 짐 찾는 곳

конве́йер 깐베–이르 컨베이어

бю́ро нахо́док 뷰–라 나호–닥 분실물센터

сто́йка регистра́ции 스또–이까 리기스뜨라–찌이 체크인 카운터

обме́н валю́т 압멘– 발류–트 환전

прока́тный автомоби́ль 쁘라까–뜨늬 아프따마빌– 렌터카

стоя́нка такси́ 스따얀–까 딱씨– 택시 승차장

авто́бусная остано́вка 아프또–부스나야 아스따노–프까 버스 정류장

호텔

гости́ница 가스찌–니짜 호텔

ло́бби 로–비 호텔 로비〈중〉

ресе́пшен 리쎕–쉰 호텔 안내창구

관련단어

сто́имость но́мера	스또-이마스쯔 노-미라	객실 요금
за́втрак	자-프뜨락	아침 식사
но́мер люкс	노-미르 륙스	스위트룸
семе́йный но́мер	씨메-이늬 노-미르	가족실
конфере́нц-зал	칸피렌-쯔 잘	회의실
дежу́рный по но́меру	지쥐우-르늬 빠 노-미르	객실 담당 종업원
чаевы́е	취이븨-예	팁〈복〉
у́тренний звоно́к	우-뜨린니 즈바녹-	모닝콜 서비스
одноме́стный но́мер	아드나메-스늬 노-미르	1인용 침대가 하나인 객실
двухме́стный но́мер	드부흐메-스늬 노-미르	2인용 침대가 하나인 객실
коридо́рный	까리도-르늬	벨보이

위급상황 10장

1. 도둑맞았을 때
2. 물건을 잃어버렸을 때
3. 사고를 당했을 때

1. 도둑맞았을 때

주요표현

A : Что случи́лось?
쉬또 슬루칠-라스

B : У меня́ укра́ли кошелёк.
우 미냐- 우끄랄-리 까쉴료-크

A : 왜 그러세요?

B : 지갑을 도난당했어요.

잡아라!

Лови́!
라비-

저 놈이 제 가방을 훔쳐갔어요.

Вон тот гад укра́л мою́ су́мку.
본 똣 가트 우끄랄- 마유- 쑴-꾸

누가 제 돈을 훔쳐갔어요.

Кто́-то укра́л у меня́ де́ньги.
크또-따 우끄랄- 우 미냐- 젠-기

신용카드를 도난당했습니다.

У меня́ укра́ли креди́тную ка́рту.
우 미냐- 우끄랄-리 끄리지-뜨누유 까-르뚜

경찰에 신고하세요.

Заяви́те в поли́цию.
자이비-쩨 프 빨리-찌유

거기에 뭐가 들어 있나요?

Что было внутри́?

쉬또 브일-라 브누뜨리-

귀중품과 돈이 있습니다.

Там бы́ли це́нные ве́щи и де́ньги.

땀 브일-리 쩬-늬예 베-쉬 이 젠-기

언제 어디서 발생했습니까?

Когда́ и где э́то произошло́?

까그다- 이 그제 에-따 쁘라이자쉴로-

방금 지하철에서요.

То́лько что в метро́.

똘-까 쉬또 프 미뜨로-

범인은 어떻게 생겼는지 묘사해 주실 수 있으세요?

Мо́жете описа́ть престу́пника?

모-쥐쩨 아삐싸-쯔 쁘리스뚭-니까

한국대사관 전화번호를 알려주세요.

Да́йте но́мер посо́льства Ю́жной Коре́и.

다-이쩨 노-미르 빠쏠-스뜨바 유-쥐나이 까례-이

도둑은 어떻게 생겼습니까?

Мо́жете описа́ть во́ра?

모-쥐쩨 아삐싸-쯔 보-라

주요표현

A : Я потеря́ла су́мку.
야 빠찌랼-라 쑴-꾸

B : Что бы́ло внутри́ су́мки?
쉬또 브일-라 브누뜨리- 쑴-끼

A : 가방을 잃어버렸어요. (화자가 여자일 때)

B : 안에 뭐가 들어 있었습니까?

제 짐을 찾을 수가 없어요.

Я не могу́ найти́ свои́ ве́щи.
야 니 마구- 나이찌- 스바이- 베-쉬

여권이 안 보여요.

Не могу́ найти́ па́спорт.
니 마구- 나이찌- 빠-스빠르뜨

핸드폰을 잃어버렸습니다. (화자가 남자일 때)

Я потеря́л со́товый телефо́н.
야 빠찌랼- 쏘-따븨 찔리폰-

어디서 잃어버렸습니까?

Где потеря́ли?
그졔 빠찌랼-리

버스에 두고 내린 것 같아요.

Ка́жется, в авто́бусе.
까-쥐짜 브 아프또-부셰

전혀 모르겠습니다.

Совсе́м не зна́ю.
쌉씨옘-　니　즈나-유

분실물 센터는 어디입니까?

Где нахо́дится стол нахо́док?
그제　나호-지짜　스똘　나호-닥

경찰서는 어디입니까?

Где нахо́дится полице́йский уча́сток?
그제　나호-지짜　빨리쩨-이스끼　우취아-스딱

이 신고서를 기재해 주세요.

Запо́лните э́то заявле́ние.
자뽈-니쩨　에-따 자이블례-니예

찾으면 저한테 바로 연락주세요.

Е́сли найдёте, сра́зу сообщи́те мне.
예-슬리 나이죠-쩨　스라-주　싸아프쉬-쩨　므녜

найти́의 과거는 нашёл, нашла́, нашло́, нашли́이며 종종 주어를 생략해서 간단하게 답합니다.

(Я) Нашёл. (Я) Нашла́. (저는) 찾았어요.

(Я) Не нашёл. (Я) Не нашла́. (저는) 못 찾았어요.

3. 사고를 당했을 때

주요표현

A : Попа́ла в ава́рию.
빠빨–라 브 아바–리유

B : Вы́зовите ско́рую по́мощь.
븨–자비쩨 스꼬–루유 뽀–모쉬

A : 교통사고를 당했어요. (화자가 여자일 때)

B : 구급차를 불러주세요.

누구 좀 도와주세요.

Кто-нибу́дь, помоги́те, пожа́луйста.
크또 니붓– 빠마기–쩨 빠쥐알–스따

괜찮으세요?

Всё норма́льно?
프쇼– 나르말–나

다친 사람이 있습니다.

Есть пострада́вшие.
예스쯔 빠스뜨라다–프쉬예

어린이가 피를 흘리고 있습니다.

У ребёнка кровотече́ние.
우 리뵨–까 끄라바찌취예–니예

어떤 여자가 의식이 없어요.

Одна́ же́нщина потеря́ла созна́ние.
아드나– 쥐엔–쉬나 빠찌랼–라 싸즈나–니예

소화기 쓰는 법을 알려주세요.

Покажи́те, как по́льзоваться огнетуши́телем.
빠까쥐-쩨 깍 뽈-자바짜 아그니뚜쉬-찔림

화재 비상벨을 누르세요.

Нажми́те на противопожа́рную кно́пку.
나쥐미-쩨 나 쁘라찌바빠쥐아-르누유 끄노-프꾸

경찰을 불러요.

Вы́зовите поли́цию.
븨-자비쩨 빨리-찌유

구조대를 불러주세요.

Вы́зовите кома́нду спаса́телей.
븨-자비쩨 까만-두 스빠싸-찔리

여기 누우세요.

Ложи́тесь сюда́.
라쥐-찌스 쓔다-

숨을 깊게 천천히 쉬세요.

Дыши́те глубоко́ и ме́дленно.
드이쉬-쩨 글루바꼬- 이 메-들린나

제 잘못이 아닙니다.

Э́то не моя́ вина́.
에-따 니 마야- 비나-

관련단어

분실, 도난, 사고

ава́рия	아바-리야	사고
дтп	데떼페	교통사고
вор	보르	도둑
укра́сть	우끄라-스쯔	훔치다
моше́нник	마쉬엔-닉	사기꾼
похи́тить челове́ка	빠히-찌쯔 칠라베-까	유괴하다
угрожа́ть	우그라쥐아-쯔	협박하다
сбежа́ть	즈비쥐아-쯔	도망가다
лгать	르가쯔	거짓말하다
поли́ция	빨리-찌야	경찰
заяви́ть в поли́цию	자야비-쯔 프 빨리-찌유	신고하다
уте́рянные ве́щи	우쪠-린늬예 베-쉬	분실물
удостовере́ние ли́чности	우다스따비례-니예 리-취나스찌	신분증
па́спорт	빠-스빠르뜨	여권
свиде́тельство	스비졔-찔스뜨바	증명서
перечисле́ние	삐리취슬례-니예	송금
креди́тная ка́рта	끄리지-뜨나야 까-르따	신용카드
ба́нковский чек	방-까프스끼 취옉	수표
ско́рая по́мощь	스꼬-라야 뽀-마쉬	구급차
рюкза́к	류그작-	배낭
кошелёк	까쉴룍-	지갑

부록

▶초심자를 위한 러시아어 막사용 설명서

▶그림 단어

1. 객실
2. 화장실
3. 컴퓨터
4. 문구류
5. 가전제품
6. 주방
7. 승용차
8. 인체
9. 과일
10. 야채
11. 동물

초심자를 위한 러시아어 막사용 설명서

러시아에 가서 러시아어를 못해도 최소한 다음 몇 마디만 알면 도움이 될 것입니다.

Здра́вствуйте! 즈드라-스뜨부이쩨	안녕하세요!
Да. 다	예.
Нет. 니엣	아니요.
э́то 에-따	이것
то 또	저것
туале́т 뚜알례-트	화장실
Помоги́те, пожа́луйста. 빠마기-쩨 빠쥐알-스따	도와주세요
Прошу́ вас. 쁘라쉬우- 바스	부탁합니다.

■ **Прости́те.** 실례합니다.
뻐라스찌–쩨

■ **Ско́лько сто́ит…?** ~가 얼마입니까?
스꼴–까 스또–잇

■ **Где нахо́дится…?** ~은 어디에 있습니까?
그제 나호–지짜

■ **Спаси́бо.** 감사합니다.
스빠씨–바

■ **Не́ за что.** 천만에요.
녜– 자 쉬따

■ **Ничего́.** 괜찮습니다.
니취보–

■ **Повтори́те ещё раз, пожа́луйста!**
빠프따리–쩨 이쉬요– 라스 빠줘알–스따
다시 한번 말씀해 주실래요?

■ **До свида́ния!** 안녕히 가세요!
다 스비다–니야

그림 단어

- **шкаф для одéжды** 쉬까프 들랴 아지에–쥐디/옷장
- **розéтка** 라제–뜨까/콘센트
- **лáмпа** 람–빠/전등
- **одея́ло** 아지얄–라/이불
- **поду́шка** 빠두–쉬까/베개
- **пéпельница** 뻬–삘니짜/재떨이

2. 화장실

- **зубнáя щётка** 주브나–야 쉬요–뜨까/칫솔
- **фен** 펜/드라이기
- **мы́ло** 므일–라/비누
- **шампýнь** 쉬암뿐–/샴푸〈남〉
- **расчёска** 라쉬요–스까/빗
- **кондиционéр для волóс** 깐지찌아녜–르 들랴 발로–스/린스
- **увлажня́ющий крем для лицá**
  우블라쥐냐–유쉬 끄렘 들랴 리짜–/로션

3. 컴퓨터

- **беспроводна́я клавиату́ра**
  비스쁘라바드나–야 끌라비아뚜–라/무선 키보드
- **насто́льный компью́тер** 나스똘–늬 깜삐유–떼르/데스크탑
- **компью́терная мышь** 깜삐유–떼르나야 믜쉬/마우스
- **беспроводна́я мышь** 비스쁘라바드나–야 믜쉬/무선 마우스
- **вай-фа́й** 바이 파–이/와이파이
- **компа́кт-диск** 깜빡–트 지스끄/CD
- **нау́шники** 나우–쉬니끼/이어폰〈복〉
- **электро́нная кни́га** 엘릭뜨론–나야 끄니–가/전자책

4. 문구류

- **но́жницы** 노-쥐니찌/가위〈복〉
- **кле́йкая ле́нта** 끌례-이까야 렌-따/테이프
- **бума́га** 부마-가/종이
- **тетра́дь** 찌뜨라-쯔/공책〈여〉
- **кра́ски** 끄라-스끼/물감
- **откры́тки** 앗끄릐-뜨끼/엽서〈복〉
- **автору́чка** 아프따루-취까/만년필
- **кни́жная по́лка** 끄니-쥐나야 뽈-까/책꽂이
- **цветны́е мелки́** 쯔비뜨늬-예 밀끼-/크레파스
- **конве́рт** 깐볘-르트/봉투
- **черни́ла** 취르닐-라/잉크〈복〉
- **клей-каранда́ш** 끌례이 까란다-쉬/풀
- **цветна́я бума́га** 쯔비뜨나-야 부마-가/색종이

5. 가전제품

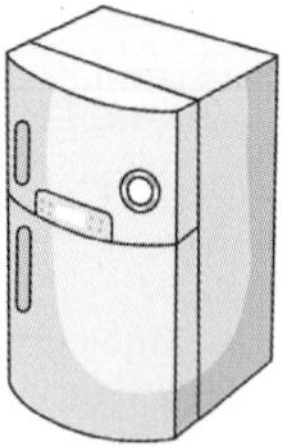

холоди́льник
할라질-닉/냉장고

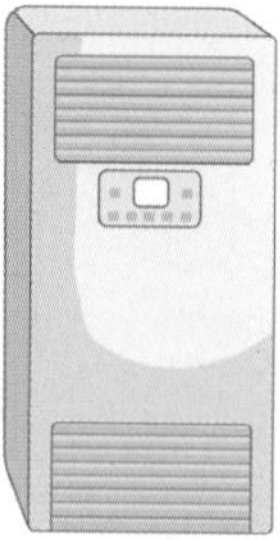

кондиционе́р
깐지찌아녜-르/에어컨

фотоаппара́т
파따아빠라-트/카메라

бле́ндер
블렌-데르/믹서기

телеви́зор
찔리비-자르/텔레비전

стира́льная маши́на
스찌랄-나야 마쉬-나/세탁기

вентиля́тор
빈찔랴-따르/선풍기

- **цифрово́й фотоаппара́т**
  찌브라보-이 파따아빠라-트/디지털카메라
- **пылесо́с** 삐일리쏘-스/청소기
- **очисти́тель во́здуха** 아취스찌-찔 보-즈두하/공기청정기
- **пульт дистанцио́нного управле́ния (ПДУ)**
  뿔트 지스딴찌온-나바 우쁘라블레-니야/리모콘
- **кофева́рка** 카피바-르까/커피머신
- **то́стер** 또-스떼르/토스트기
- **фен** 펜/헤어드라이기

6. 주방

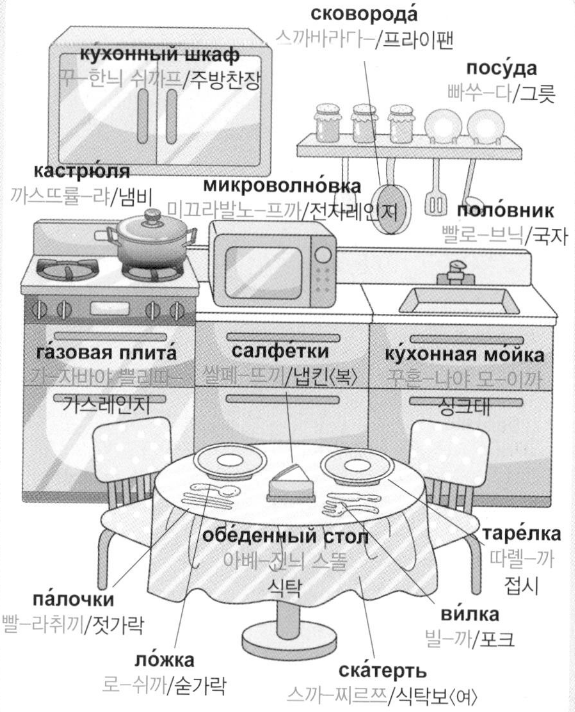

- **духо́вка** 두호-프까/오븐
- **посудомо́ечная маши́на**
  빠쑤다모-이취나야 마쉬-나/식기세척기
- **водоочисти́тель** 바다아취스찌-찔/정수기〈남〉
- **разде́лочная доска́** 라즈졜-라취나야 다스까-/도마
- **подно́с** 빠드노-스/쟁반
- **нож** 노쉬/칼

7. 승용차

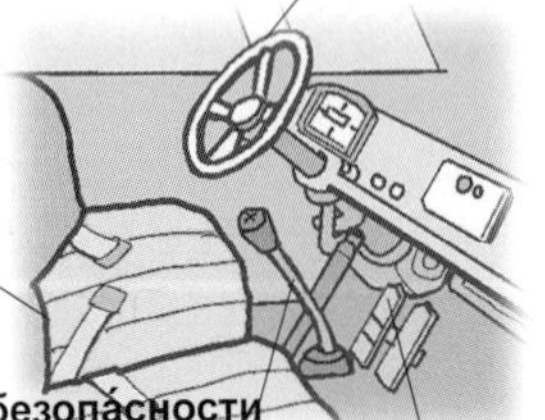

лобовóе стеклó
리흐까보-예 스찌끌로-/앞 유리

капóт
까뽀-뜨/보닛

зéркало зáднего ви́да
제-르깔라 자-드니바 비-다/백미러

руль
룰/핸들〈남〉

бáмпер
밤-삐르/범퍼

фáра
파-라/전조등

сидéнье
씨졔-니예/좌석

багáжник
바가-쥐닉/짐칸

ремéнь безопáсности
리멘- 비자빠-스나스찌
안전띠

тóрмоз
또-르마스/브레이크

стоя́ночный тóрмоз
스따야-나취늬 또-르마스
핸드 브레이크

автомоби́льный нóмер
아프따마빌-늬 노-미르/번호판

ши́на
쉬-나/타이어

- **указáтель поворóта** 우까자-찔 빠바로-따/방향 지시기(깜빡이)
- **стеклоочисти́тель** 스찌끌라취스찌-찔/와이퍼〈남〉
- **механи́ческая корóбка передáч**
  미하니-취스까야 까로-프까 삐리다-취/수동 변속기
- **педáль сцеплéния** 삐달- 스찝쁠례-니야/클러치 페달
- **акселерáтор** 악씰리라-따르/가속 페달
- **клаксóн** 끌락쏜-/경적
- **дви́гатель** 드비-가찔/엔진〈남〉

8. 인체

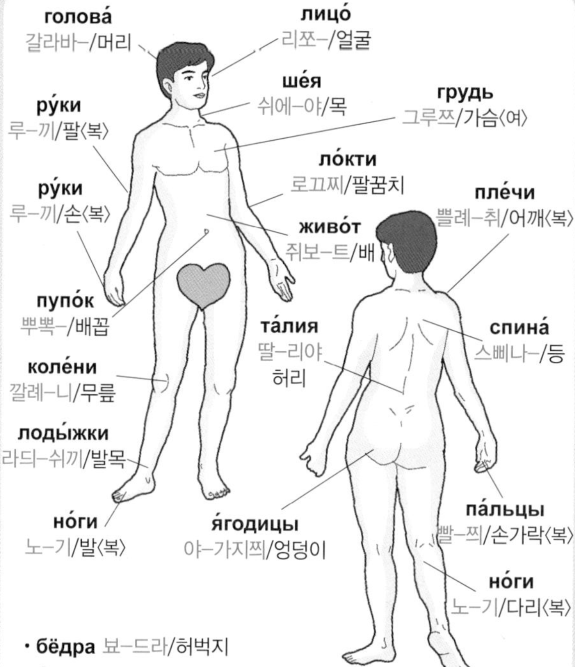

- **бёдра** 뵤–드라/허벅지
- **и́кры** 이–끄리/종아리〈복〉
- **вóлосы** 볼–라씌/머리카락〈복〉
- **брóви** 브로–비/눈썹〈복〉
- **нос** 노스/코
- **подборóдок** 빠드바로–닥/턱
- **гóрло** 고–를라/목구멍
- **гýбы** 구–븨/입술〈복〉
- **усы́** 우쓰이–/콧수염〈복〉
- **лоб** 롭/이마
- **глазá** 글라자–/눈〈복〉
- **рот** 로트/입
- **язы́к** 이즈이–크/혀
- **ýши** 우–쉬/귀
- **бородá** 바라다–/턱수염
- **сéрдце** 쎄–르쩨/심장

- **гре́йпфрут** 그레-이프루트/자몽
- **мангости́н** 망구스찐-/망고스틴
- **папа́йя** 빠빠-이야/파파야
- **пе́рсик** 뻬-르씩/복숭아
- **коко́с** 까꼬-스/코코넛
- **кака́о** 까까-오/카카오

баклажа́н
바끌라쥐인-/가지

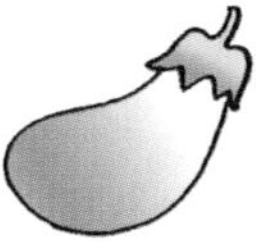

лук
룩/양파

капу́ста
끼뿌-스따/양배추

огуре́ц
아구레-쯔/오이

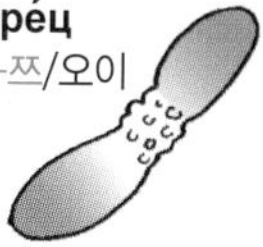

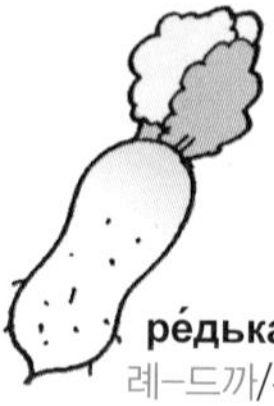

ре́дька
레-드까/무

чесно́к
취스녹-/마늘

ты́ква
띄-끄바/호박

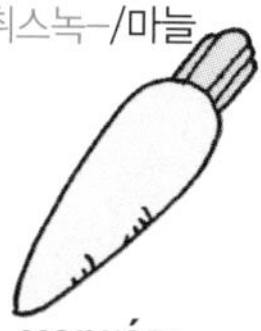

сла́дкий карто́фель
슬라-트끼 까르또-필/고구마

морко́вь
마르고-프/당근〈여〉

карто́фель
까르토-필/감자〈남〉

- **зелёный лук** 질료-늬 룩/파
- **грибы́** 그리브이-/버섯〈복〉
- **имби́рь** 임비-르/생강〈남〉
- **укро́п** 우끄로-프/회향
- **помидо́р** 빠미도-르/토마토
- **побе́ги бамбу́ка** 빠베-기 밤부-까/죽순
- **кинза́** 낀자-/고수
- **со́я** 쏘-야/콩

- **лев** 례프/사자
- **крокоди́л** 끄라까질-/악어
- **слон** 슬론/코끼리
- **бегемо́т** 비기모-트/하마
- **верблю́д** 비르블류-트/낙타
- **орёл** 아룔-/독수리
- **жира́ф** 쥐라-프/기린
- **кит** 끼트/고래

■저자 **조안순**

고려대학교 인문대학 노어노문학과 졸업
우크라이나 키예프국립대학 교환학생
(현) 종로신중성어학원 러시아어 강사
(현) 미래탐구, 학림학원 러시아어 강사
한국가스공사, 국립외교원, 신한은행, 수출입은행 출강
러시아어 학습 블로그 '안나비의 러시아어' 운영

■저서 / 논문

혼자배우는 러시아어첫걸음
러시아어 일상회화사전

HandSumbook

통기초 러시아어 생활회화

초판 1쇄 인쇄 2021년 4월 10일
초판 1쇄 발행 2021년 4월 15일

지은이 조안순
발행인 박해성
편집인 김양섭 기획마케팅 박상훈, 이민희
발행처 정진출판사 02752 서울 성북구 화랑로 119-8
대표전화 (02) 917-9900
홈페이지 jeongjinpub.co.kr 이메일 jj1461@chol.com
출판등록 1989년 12월 20일 제 6-95호

ISBN 978-89-5700-168-4 *10790

• 이 도서의 국립중앙도서관 출판예정도서목록(CIP)은 서지정보유통지원시스템 홈페이지(http://seoji.nl.go.kr)와 국가자료공동목록시스템(http://www.nl.go.kr/kolisnet)에서 이용하실 수 있습니다.(CIP제어번호 : CIP2020048339)
• 파본은 교환해 드립니다. 책값은 뒤표지에 있습니다.